Análise de projeto
e orçamento empresarial

O selo DIALÓGICA da Editora InterSaberes faz referência às publicações que privilegiam uma linguagem na qual o autor dialoga com o leitor por meio de recursos textuais e visuais, o que torna o conteúdo muito mais dinâmico. São livros que criam um ambiente de interação com o leitor – seu universo cultural, social e de elaboração de conhecimentos –, possibilitando um real processo de interlocução para que a comunicação se efetive.

EDITORA
intersaberes

Joel de Jesus Macedo
Ely Celia Corbari

Análise de projeto e orçamento empresarial

EDITORA intersaberes

Rua Clara Vendramin, 58 . Mossunguê
CEP 81200-170 . Curitiba . PR . Brasil
Fone: (41) 2106-4170
www.intersaberes.com
editora@editoraintersaberes.com.br

Conselho editorial	Dr. Ivo José Both (presidente)
	Dr ª. Elena Godoy
	Dr. Neri dos Santos
	Dr. Ulf Gregor Baranow
Editora-chefe	Lindsay Azambuja
Gerente editorial	Ariadne Nunes Wenger
Analista editorial	Ariel Martins
Preparação de originais	Camila Cristiny da Rosa
Capa	Laís Galvão dos Santos (design)
	Marcelo Lopes – Degradê Ilustra (ilustração)
Projeto gráfico	Raphael Bernadelli

1ª edição, 2014.
Foi feito o depósito legal.

Dados Internacionais de Catalogação na Publicação (CIP)
(Câmara Brasileira do Livro, SP, Brasil)

Macedo, Joel de Jesus
Análise de projeto e orçamento empresarial/Joel de Jesus Macedo, Ely Celia Corbari. Curitiba: InterSaberes, 2014. (Série Gestão Financeira).

Bibliografia.
ISBN 978-85-8212-963-0

1. Administração de projetos – Análise 2. Controladoria 3. Orçamento empresarial 4. Planejamento orçamentário I. Corbari, Ely Celia. II. Título. III. Série.

13-12434   CDD-658.15

Índice para catálogo sistemático:
1. Orçamento empresarial: Planejamento e controle financeiro: Administração financeira 658.15

EDITORA AFILIADA

Informamos que é de inteira responsabilidade dos autores a emissão de conceitos.

Nenhuma parte desta publicação poderá ser reproduzida por qualquer meio ou forma sem a prévia autorização da Editora InterSaberes.

A violação dos direitos autorais é crime estabelecido na Lei n. 9.610/1998 e punido pelo art. 184 do Código Penal.

Sumário

Apresentação • 7
Como aproveitar ao máximo este livro • 11

1

Noções de projeto • 15

1.1 Características do projeto • 18
1.2 Estrutura do projeto • 19

2

Ferramentas para avaliação de projetos • 53

2.1 Análise da viabilidade do projeto de investimento • 56
2.2 Investimento • 61
2.3 Técnica de avaliação de investimento • 63

3
Orçamento empresarial • 79

3.1 Orçamento empresarial • 82

3.2 Objetivo do orçamento • 83

3.3 Etapas do processo orçamentário • 88

3.4 Etapa financeira • 91

3.5 O controle orçamentário • 114

4
Estrutura do plano orçamentário • 123

4.1 O plano orçamentário • 126

4.2 Orçamento operacional • 127

4.3 Orçamento de investimentos e financiamentos • 144

4.4 Orçamento geral • 149

5
Relatórios contábeis projetados • 155

5.1 Demonstrativos contábeis • 158

6
Análise dos indicadores econômicos e financeiros de projetos empresariais • 179

6.1 Análise das demonstrações contábeis por indicadores • 182

Para concluir... • 211

Referências • 213

Respostas • 219

Sobre os autores • 225

Apresentação

Um *projeto*, dentro das empresas, pode ser entendido como um conjunto de informações coletadas e validadas, de modo que permitam a simulação de uma alternativa de investimento, a fim de testar a viabilidade de sua execução.

A *análise de projeto* pode apresentar definições distintas, porém todas giram em torno da alocação ótima dos recursos. Em virtude da escassez, as empresas se obrigam a fazer bom uso dos recursos, que nunca estão disponíveis em abundância.

Para a correta classificação de um projeto, devemos inicialmente saber em qual setor da economia ele está inserido, para então conhecer seu produto final. Após essa constatação, o projeto é classificado de acordo com a sua finalidade, que pode ser a extração de matéria-prima (primeiro setor), a industrial (segundo setor) ou ainda a de serviços (terceiro setor).

Essa primeira classificação permite caracterizar o investimento em seu âmbito macroeconômico, ou seja, nos grandes setores da economia. Em termos microeconômicos, o projeto é classificado segundo seu objetivo, podendo ser caracterizado como *projeto de implantação, projeto de ampliação ou expansão, projeto de modernização, projeto de relocalização ou projeto de diversificação.*

Nesse sentido, ao elaborar um projeto, identificamos o setor da economia no qual ele está inserido, considerando todos os aspectos econômicos e financeiros relacionados à sua *performance*, bem como à sustentabilidade. Após a caracterização macro e microeconômica, pode-se analisar a viabilidade do investimento.

Outra questão relevante no estudo do projeto se refere ao planejamento realizado utilizando o orçamento empresarial como instrumento que pode contribuir para a redução das incertezas envolvidas no processo decisório e, consequentemente, para o aumento da probabilidade de se alcançarem os objetivos e as metas preestabelecidos pelas organizações.

Nesse contexto, esta obra objetiva auxiliar os alunos e os profissionais da área na elaboração de um projeto de investimento e de um orçaento empresarial viável para a empresa. Para tanto, o livro foi estruturado em seis capítulos, que tratam dos elementos obrigatórios de projeto e orçamento, a fim de que sejam viáveis para o empreendimento e solidifiquem a marca da empresa, garantindo assim seu espaço no mercado.

No primeiro capítulo, apresentamos um panorama de noções de projetos, apresentando a forma como eles são estruturados, bem como as variáveis que influenciam na determinação da localização e do tamanho do projeto. Exploramos, também, os aspectos financeiros, administrativos, jurídicos e legais, ambientais e contábeis referentes ao projeto de investimento.

Com isso, você terá uma melhor noção da importância dos custos e das receitas no estudo de projetos.

Em seguida, no segundo capítulo, apresentamos técnicas para a avaliação de projetos. Inicialmente, conceituamos algumas nomenclaturas que serão utilizadas, como **Valor Presente (VP)**, **Valor Futuro (VF)** e **investimento**. Abordamos, ainda, os aspectos relacionados à decisão de rejeição ou de aceitação do projeto.

No terceiro capítulo, apresentamos o conceito de **orçamento**, sua origem e evolução, indicando os seus objetivos e as etapas do processo orçamentário. Nessa abordagem, damos destaque aos itens da etapa financeira.

Na sequência, no quarto capítulo, abordamos a estrutura do plano orçamentário, separando o orçamento em três atividades distintas: operacional, de investimento e de financiamento.

Apresentamos, no quinto capítulo, as **demonstrações financeiras projetadas**, com enfoque na **Demonstração do Resultado do Exercício (DRE)**, na **Demonstração do Fluxo de Caixa (DFC)** e no **Balanço Patrimonial (BP)**. Essas demonstrações se originam dos planos constantes nos orçamentos (operacional, de investimento e de financiamento) e visam, respectivamente, apresentar o resultado projetado, o Fluxo de Caixa e a situação patrimonial da empresa caso ela execute integralmente os planos orçamentários apresentados no quarto capítulo desta obra.

Por fim, no sexto capítulo, abordamos a análise das demonstrações financeiras, que poderão ser utilizadas ainda no processo orçamentário ou no processo de avaliação da execução do projeto. Com isso, será possível avaliar a viabilidade do orçamento, além de verificar e controlar os resultados no momento de execução dos projetos empresariais.

Boa leitura!

Como aproveitar ao máximo este livro

Este livro traz alguns recursos que visam enriquecer o seu aprendizado, facilitar a compreensão dos conteúdos e tornar a leitura mais dinâmica. São ferramentas projetadas de acordo com a natureza dos temas que vamos examinar. Veja a seguir como esses recursos se encontram distribuídos no decorrer desta obra.

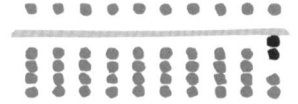

Conteúdos do capítulo

Logo na abertura do capítulo, você fica conhecendo os conteúdos que nele serão abordados.

Conteúdos do capítulo:
- Análise de Fluxo de Caixa, Valor Presente e Valor Futuro.
- Decisão sobre aceitação ou rejeição de projeto de investimento.
- Técnicas de avaliação de investimento.
- Cálculo da viabilidade econômica e financeira por meio das técnicas Valor Presente Líquido (VPL), Taxa Interna de Retorno (TIR) e *Payback*.

Após o estudo deste capítulo, você será capaz de:
1. construir Fluxo de Caixa com base na estimativa de entradas e saídas de dinheiro;
2. identificar uma taxa de desconto adequada ao projeto de investimento;
3. calcular a viabilidade econômica financeira do projeto;
4. decidir aceitar ou rejeitar o projeto e sua inclusão no orçamento de capital, caso seja aceito.

Após o estudo deste capítulo, você será capaz de:

Você também é informado a respeito das competências que irá desenvolver e dos conhecimentos que irá adquirir com o estudo do capítulo.

Síntese

Você dispõe, ao final do capítulo, de uma síntese que traz os principais conceitos nele abordados.

Síntese

Como você pôde observar neste capítulo, ao analisar um projeto de investimento, o uso das técnicas apresentadas (Valor Presente Líquido, Fluxo de Caixa, *Payback* etc.) é altamente recomendado, visto que elas consideram o custo de oportunidade do dinheiro ao longo do tempo, descontado pela TMA. Recomendamos também a aplicação conjunta das técnicas discutidas; dessa forma, o projeto poderá ser visualizado sob três perspectivas, pois elas mostram: 1) o período necessário para que o investidor recupere o capital investido; 2) a taxa de remuneração do investimento; e 3) o montante monetário que o investidor terá ao final do projeto.

Obviamente, as técnicas de análise de investimento não se resumem às apresentadas neste capítulo. No entanto, abordamos as mais utilizadas na decisão de projetos empresariais.

Questões para revisão

1. Defina *projeto*.

2. Quais são os aspectos relevantes na análise de projetos?

3. Os fatores que influenciam a demanda são:
   I. riqueza dos indivíduos.
   II. preço dos bens substituto.
   III. facilidade de crédito.
   IV. tecnologia.
   Assinale a alternativa correta:
   a) Estão corretas apenas as alternativas I e II.
   b) Estão corretas apenas as alternativas I, II e III.
   c) Estão corretas apenas as alternativas I e IV.
   d) Todas as alternativas estão corretas.

4. A respeito do ciclo de vida de um projeto, assinale (V) para as proposições verdadeiras e (F) para as falsas:
   ( ) Fase da inspiração – São definidos a missão e o objeto do projeto, elaborados os documentos iniciais, analisadas todas as estratégias possíveis e selecionadas as melhores dentre elas.
   ( ) Fase do planejamento – É detalhado tudo aquilo que se pretende fazer, observando questões como

Questões para revisão

Com estas atividades, você tem a possibilidade de rever os principais conceitos analisados. Ao final do livro, os autores disponibilizam as respostas às questões, a fim de que você possa verificar como está sua aprendizagem.

Questão para reflexão

Nesta seção, a proposta é levá-lo a refletir criticamente sobre alguns assuntos e trocar ideias e experiências com seus pares.

Questão para reflexão

Um orçamento mal projetado pode apresentar dificuldades no momento da sua execução? Se sim, quais?

Saiba mais

Indicamos as obras a seguir para complementar seus estudos. A primeira obra aborda o assunto custeio e precificação. A segunda explora o pensamento econômico, apresentando vários estudos de caso – é uma obra básica no estudo de economia, pois aborda os aspectos microeconômicos e macroeconômicos. A terceira aborda os aspectos referentes ao planejamento, à elaboração e a análise de projetos, além de apresentar uma variedade maior de técnicas de análise de projetos.

CORBARI, E. C.; MACEDO, J. de J. **Administração estratégica de custos**. Curitiba: Iesde, 2012.

MANKIW, N. G. **Princípios de microeconomia**. São Paulo: Cengage Learning, 2009.

WOILER, S.; MATHIAS, W. F. **Projetos**: planejamento, elaboração e análise. 2. ed. São Paulo: Atlas, 2008.

Saiba mais

Você pode consultar as obras indicadas nesta seção para aprofundar sua aprendizagem.

1 Alguns trechos deste capítulo foram extraídos e adaptados de Corbari e Macedo (2012).

Noções de projeto[1]

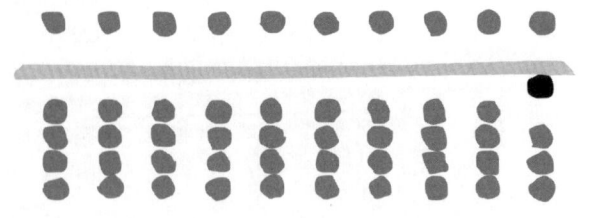

Conteúdos do capítulo:

- Conceito e classificação dos projetos de investimentos.
- Aspectos econômicos relacionados à análise de mercado, à localização e ao tamanho do projeto.
- Aspectos técnicos relacionados à participação dos *stakeholders*, ao ciclo de vida do produto e ao papel dos custos e das receitas.
- Aspectos financeiros relacionados à questão da composição do capital a ser investido no projeto.
- Aspectos administrativos relacionados à estrutura organizacional.
- Aspectos jurídicos e legais relacionados à forma societária da empresa e às exigências legais.
- Aspectos ambientais relacionados às externalidades provocadas pelo projeto de investimento.
- Aspectos contábeis relacionados ao cronograma financeiro.

Após o estudo deste capítulo, você será capaz de:

1. conhecer as variáveis que determinam a localização do projeto de investimento;
2. compreender os fatores que influenciam na comercialização do produto;
3. reconhecer as variáveis que devem ser consideradas na determinação do tamanho do projeto;
4. conhecer os diferentes aspectos do projeto de investimento e suas influências nas decisões referentes à empresa.

Projeto é o nome que se dá ao conjunto de informações internas e externas à empresa, coletadas e processadas com o objetivo de analisar as decisões de investimento. Esses dados integram os fatores fixos e servem de base para a combinação dos fatores variáveis de produção, a fim de obter um produto final resultante da combinação desses insumos.

Neste capítulo, abordaremos as características do projeto de investimento, observando como ele se estrutura, para, com isso, conhecer os aspectos que influenciarão no momento de sua análise.

1.1 Características do projeto

As características básicas dos projetos são: temporariedade, individualidade do bem ou serviço e incerteza.

Temporariedade, porque o projeto possui início, meio e fim bem definidos, ou seja, tem duração finita, e seu prazo é preestabelecido em seus objetivos. O ciclo de vida de um projeto é caracterizado pela sua temporariedade, com início no processo de trabalho estratégico até chegar ao trabalho executivo de produção, que antecede seu término.

A **individualidade** significa que o bem ou serviço ainda não foi realizado. Como o produto de cada projeto é único, suas características precisam ser bem delineadas paulatinamente, de modo que sejam claramente definidas as especificações dos bens ou serviços a serem desenvolvidos.

A **incerteza**, por sua vez, ocorre porque as possibilidades futuras são desconhecidas; nessa condição, a previsão completa e assertiva do projeto pode ser extremamente complexa. Com o passar do tempo, as informações inerentes ao projeto vão surgindo e consequentemente reduzindo as incertezas sobre o Fluxo de Caixa. Na literatura econômica, destaca-se que a decisão de investir está associada ao preço do produto resultante do projeto, dos custos dos insumos do projeto etc. Caso você pretenda se especializar nesse assunto, recomendamos o estudo das técnicas para solução do problema por meio das matrizes de decisão e da análise de sensibilidade e simulação, pois esses assuntos não serão abordados nesta obra.

Com base nas principais características de um projeto, podemos definir as demais:

- **Evento não repetitivo** – O evento não deve ser rotina da empresa.

- **Sequência lógica** – As atividades são encadeadas, e isso permite o acompanhamento e o controle mais preciso.

- **Início, meio e fim** – Todo projeto deve ter um ciclo de vida bem definido. É possível que o fim de um projeto coincida com o início de outro; no entanto, caso não tenha fim, não é considerado um projeto: passa a ser uma rotina.
- **Recursos** – Todo projeto necessita de mão de obra especializada; sem ela, o projeto nem mesmo vai para o papel. Portanto, a mão de obra é um dos principais responsáveis pelo sucesso de um projeto.
- **Parâmetros bem definidos** – Todo projeto precisa ter prazos, custos, equipamentos, material, pessoal e qualidade desejada estabelecidos com clareza.

A quantificação exata desses parâmetros é difícil de ser estabelecida. Entretanto, esses elementos necessitam ser definidos já na fase inicial, pois eles são os parâmetros para a avaliação do projeto. As quantidades são identificadas na fase inicial e ajustadas no decorrer do projeto, caso haja necessidade.

As informações necessárias dependerão da especificidade de cada projeto. Contudo, no setor industrial, existem algumas características estruturais que podem ser comuns a todos os projetos. Considerando a inter-relação entre esses aspectos e em razão da dificuldade de uma análise individual, normalmente eles são avaliados em conjunto.

A fim de facilitar a análise de um projeto, o tomador de decisão pode separar os aspectos estruturais em grupos distintos e analisá-los individualmente. Posteriormente a essa etapa, esses diferentes aspectos são agrupados, devendo-se atentar para o cronograma e as projeções do Fluxo de Caixa. Todos são analisados em conjunto para se verificar a viabilidade do projeto.

1.2 Estrutura do projeto

A análise da estrutura de um projeto de investimento envolve a avaliação de diversos aspectos. Entre eles, os mais comuns são:

a) econômicos; b) técnicos; c) financeiros; d) administrativos; e) jurídicos e legais; f) ambientais; e g) contábeis.

Veja, a seguir, no que consiste cada uma dessas características.

1.2.1 Aspectos econômicos

Os **aspectos econômicos** tratam da análise do mercado, da localização e da escala de produção. Normalmente a oportunidade de investimento surge por meio da análise do mercado. Depois de identificada a oportunidade de mercado, o passo seguinte é procurar o local ideal para a instalação do investimento. A escala de produção, por sua vez, dependerá de vários fatores, como o mercado no qual serão comercializados os produtos, a capacidade de produção e os aspectos técnicos.

1.2.1.1 Análise de mercado

O **estudo de mercado** fornece elementos que determinarão muitas características do projeto, como a quantidade demandada, o preço de venda, os canais de distribuição e os possíveis descontos. Essas características tornam a análise de mercado um dos primeiros aspectos a serem analisados no projeto.

Em suma, essa etapa é considerada uma das mais importantes, pois ela é o ponto de partida para a análise e a elaboração do projeto.

1.2.1.2 Localização do projeto

Ao elaborar um projeto de investimento, vários aspectos devem ser levados em consideração. Um fator que merece destaque é a **localização do investimento**, instrumento de decisão estratégica para a empresa. O problema da localização não se restringe à fase da elaboração do projeto ou à da implantação; ele existe ao longo da existência da organização, pois, mesmo em funcionamento, é possível que haja necessidade de realocação da empresa.

Na maioria das vezes, a capacidade competitiva da empresa está relacionada com a sua localização, pois um bom posicionamento pode assegurar maior rentabilidade à entidade.

Para Holanda (1975), a localização ótima de uma empresa é aquela que garante maior diferença entre os custos e os benefícios, privados ou sociais. Ou seja, para o autor, a melhor localização é aquela que permite a obtenção da maior rentabilidade (critério privado) ou do custo unitário mínimo (critério social).

Do ponto de vista de Woiler e Mathias (2008), a problemática na definição da localização ótima da empresa consiste em encontrar um local que proporcione maior diferença entre as receitas e os custos. Os autores complementam, indicando que devemos optar por um local que permita o maior lucro possível para a empresa, num prazo compatível com a vida útil do empreendimento.

Já Pomeranz (1985) destaca que a questão decisória central em relação à localização refere-se aos custos totais de transporte de insumos e de produtos acabados.

Melnick (1981) corrobora essa visão, ao afirmar que o estudo da localização consiste na análise das variáveis chamadas *forças locacionais*, cujo resultado pode conduzir a uma taxa máxima de lucro e um custo mínimo. De acordo com o autor, para atingir tal resultado, é necessária a análise dos seguintes aspectos:

- Custos totais do transporte de insumos e de produtos acabados.
- Custos relativos dos recursos, bem como sua disponibilidade.
- Fatores como terreno, tributação, aspectos legais, condição de vida, existência de águas residuais, ruídos, odores e outros incômodos.

Em alguns países, o governo define alguns pontos a serem analisados pelos empreendedores em seus projetos. De acordo com Melnick (1981), nos Estados Unidos, o Departamento de Comércio define uma série de fatores que devem ser levados em consideração, como: localização da matéria-prima; disponibilidade de mão de obra, energia elétrica, combustível e água; facilidade de transporte e distribuição; condições de vida; clima; estrutura tributária; incentivos governamentais; aspectos ambientais; e mercado.

Em relação à **matéria-prima**, destaca-se a importância do conhecimento dos custos dos insumos e da disponibilidade dos recursos utilizados. Os atributos perfeitos relacionados à matéria-prima devem ter disponibilidade máxima possível a custos mínimos.

Gersdorff (1979) aprofunda-se no estudo da relação entre a localização da empresa e a disponibilidade de matéria-prima. Para ele, as empresas que mais se enquadram nessa perspectiva são as que:

- usam grandes montantes de matéria-prima para a produção de pequena quantidade de produto, em virtude do desperdício ou da perda por combustão (p. ex.: indústrias siderúrgicas e açucareiras);
- utilizam matérias-primas perecíveis, que não podem ser transportadas a grandes distâncias (p. ex.: frutas, legumes e leites);
- necessitam de matérias-primas localizadas, isto é, que podem ser encontradas apenas em determinadas regiões (p. ex.: minérios e produtos agrícolas);
- fazem uso intensivo de matéria-prima e apresentam custo de transporte elevado, portanto, o estabelecimento da empresa deve ser próximo da matéria-prima.

Melnick (1981), por outro lado, afirma que a **disponibilidade da mão de obra** exerce forte influência sobre a decisão da localização do investimento. As empresas tendem a se estabelecer próximo às regiões com mais mão de obra disponível, cujo custo seja o menor possível, principalmente quando ela representa o insumo intensivo na produção de determinado produto.

Outro fator que deve ser levado em consideração é a **disponibilidade de energia elétrica**. Alguns empreendimentos demandam grandes quantidades de energia elétrica durante longo prazo. Caso o projeto tenha essa característica, é indispensável assegurar que a região possua a carga de energia necessária para a instalação do empreendimento; se não houver energia elétrica na quantidade necessária, o custo poderá aumentar. Gersdorff (1979) destaca que a energia elétrica de baixo custo é essencial para a definição do local de instalação de indústrias como as eletroquímicas, pois são empresas que possuem elevado consumo de energia elétrica.

A **disponibilidade de combustível** é outro fator determinante para a escolha da localização do empreendimento. Se o combustível (gás, óleo, carvão etc.) representar um insumo relevante na produção, certamente será uma variável de peso na decisão da localização, pois, na ausência local desse fator, a empresa deverá transportá-lo, o que elevaria os custos de produção, os quais seriam repassados para o preço de venda e, consequentemente, o produto perderia competitividade.

A **disponibilidade de água** também é uma condição decisiva para a localização do investimento. Como nos outros fatores, esse elemento ganha maior relevância quanto maior for a intensidade de uso. Por exemplo, uma empresa que utiliza como principal insumo a celulose tende a fazer grande uso de água, diferente de uma empresa do segmento de negócios. Portanto, a água é considerada como fator de maior importância na decisão da localização para a primeira empresa do que para a segunda, pois representa maior parcela nos seus custos de produção.

Outro fator determinante é a **estrutura tributária** de cada região, uma vez que, em diversas situações, os governos federal, estadual e municipal adotam políticas de incentivos fiscais sob a forma de isenção de impostos, ou seja, o governo abre mão do recolhimento de algum imposto, ou ainda sob a forma de subsídios de juros.

Na análise de investimentos, é essencial considerar também os **incentivos governamentais**, os quais normalmente estão relacionados à importância sociopolítica do projeto na geração de empregos e riqueza. Por exemplo: se um projeto apresenta benefícios para determinado município ou região, o governo local pode conceder vantagens como auxílios fiscais, terrenos para instalação, prédios, locação de máquinas, simplificação de processos de registros, assistência técnica na elaboração de projetos e participação em programas de formação.

O **aspecto ambiental** é outro fator que deve ser observado. Do ponto de vista jurídico, no mínimo duas normas devem ser atendidas: o Código Florestal e a legislação ambiental. O primeiro define as áreas nas quais não deve haver atividades comerciais ou industriais; já a segunda refere-se ao destino e tratamento de resíduos comerciais e industriais. Alguns investimentos são impossíveis, pois a liberação do empreendimento em área protegida é negada pelo Código Florestal. No caso de atividade que necessite de tratamento de elevada quantidade de resíduos, em cumprimento da segunda norma, o investimento pode ser inviável, pois o custo de tratamento dos resíduos se torna tão elevado que pode inviabilizá-lo.

Woiler e Mathias (2008) destacam que o problema da localização pode ter uma abordagem complexa, dependendo do **número de fatores envolvidos** e do **volume de investimentos** que serão efetuados. Os autores afirmam ainda que a questão locacional representa para a empresa um problema essencialmente dinâmico, já que, ao longo do tempo, pode ser conveniente à empresa:

- expandir o que existe e subcontratar;
- reter a fábrica atual e implantar outra;
- relocalizar a fábrica atual.

Portanto, o estudo da localização tem um caráter de **periodicidade**, pois a escolha adequada pode resultar em custos mais baixos, o que torna o empreendimento mais competitivo.

1.2.1.3 Escala de produção

A **escala de produção** do projeto é definida confrontando-se a **oferta** e a **demanda** (procura). Ambas são determinadas com base no preço de venda do produto e da disponibilidade de bens substitutos.

A *demanda* é um conceito bastante utilizado na microeconomia. Basicamente, a **lei da demanda** representa a quantidade de um bem ou serviço que o consumidor deseja e pode adquirir em determinado intervalo de tempo, considerando sua renda e seus gostos, além do preço de mercado. A lei da demanda diz que a procura por um bem ou serviço tende a ter uma relação inversa com o preço, ou seja, quando o preço de um bem ou serviço aumenta, a quantidade demandada diminui, ou, quando o preço cai, essa demanda aumenta, mantendo-se tudo o mais constante. Nessa lei, considera-se constante qualquer outra variável que possa impactar na demanda por um serviço. Por exemplo: se a renda do consumidor aumentar, ele pode ser induzido a consumir mais, ou então se o preço de um bem substituto cair, o mesmo consumidor pode ser induzido a trocar o produto, bem como diversas outras situações que poderiam afetar a demanda. Quando dizemos "tudo o mais constante", estamos desconsiderando qualquer variação em outras características que não sejam o preço do bem.

Gráfico 1.1 – Lei da demanda

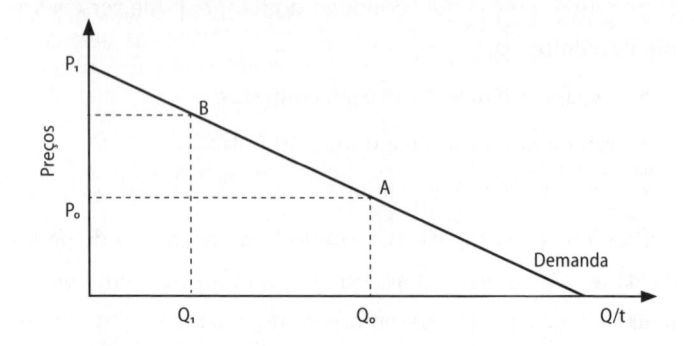

Para melhor visualização, exemplificamos a função linear da lei da demanda no Gráfico 1.1. A curva de demanda representa todas as combinações possíveis entre **quantidade da demanda (Q/t)** no eixo horizontal e **preços (P)** no eixo vertical. Perceba que a curva de demanda é negativamente inclinada, o que representa a relação inversa entre o preço e a quantidade da demanda. O ponto A dessa curva, supondo uma condição inicial, representa uma situação na qual um preço em P_0 tem quantidade da demanda Q_0[2]. Uma elevação do preço de P_0 para P_1 reduz a quantidade demandada de Q_0 para Q_1. Já uma situação inversa, ou seja, a redução do preço, eleva a quantidade demanda.

Outra variável com forte influência sobre o preço é a **renda do consumidor**. Normalmente, quando essa renda se eleva, esperamos que a demanda por determinado bem ou serviço também aumente. Do contrário, caso a renda do consumidor diminua, é natural esperarmos que ocorra uma contração da demanda.

A seguir, no Gráfico 1.2, apresentamos a função linear para a análise da renda e da quantidade de demanda. Note que, nesta representação gráfica, há uma relação positiva, ou seja, quando a renda do consumidor aumenta, a quantidade de demanda aumenta, da mesma forma que, quando a renda diminui, a quantidade demandada também diminui. No eixo vertical,

2 Atenção: Q_0 não representa quantidade demandada igual a zero, e sim uma quantidade demandada inicial.

está representada a **renda do consumidor em determinado intervalo de tempo (R/t)**, e, no eixo horizontal, está representada a **quantidade da demanda** para o mesmo intervalo de tempo.

Gráfico 1.2 – Demanda em relação à renda[3]

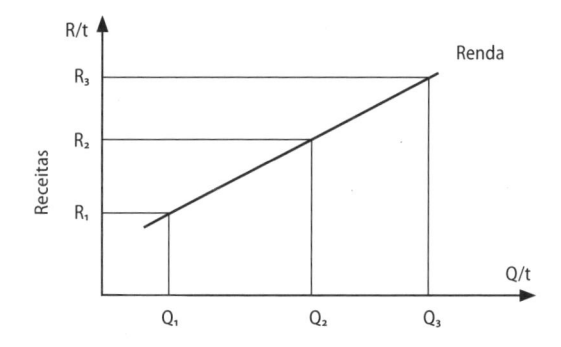

```
R/t ▲
            Renda
R₃
R₂
R₁
        Q₁    Q₂   Q₃   Q/t
```
(Receitas no eixo vertical)

Considere que, para um nível de renda R_1, a quantidade de demanda é Q_1. Se a renda aumentar para R_2, a quantidade de demanda será Q_2 e assim por diante.

Obviamente, para analisar a demanda de determinado bem ou serviço em relação às variáveis que afetam o comportamento da demanda, deve ser levado em consideração o tipo do bem – inferior, normal, substituto ou complementar –, porém, limitaremos a análise do comportamento da demanda em relação à diferença nas características.

> **Bem inferior** é aquele cuja quantidade demandada diminui quando a renda aumenta e os fatores restantes se mantêm constantes. **Bem normal**, por sua vez, é aquele cuja quantidade demandada aumenta (com tudo o mais mantido constante), quando a renda aumenta. Já **bens substitutos** são dois bens os quais, com tudo mantido constante, provocam aumento na demanda pelo outro, caso o preço de um deles suba. Por fim, **bens complementares** são aqueles para os quais o aumento no preço de um dos bens leva a uma redução na demanda pelo outro bem.

[3] Considerando apenas situações de rendas positivas.

Na teoria microeconômica, outros fatores são frequentemente citados como geradores de impacto na demanda. São eles: riqueza e renda (e sua distribuição); preço de outros bens (substitutos); fatores climáticos e sazonais; publicidade; hábitos, gostos, preferências dos consumidores; expectativas sobre o futuro; e facilidade de crédito (p. ex.: disponibilidade, taxa de juros, prazos) etc.

Essas são as variáveis mais frequentes na explicação da demanda de qualquer bem ou serviço. Entretanto, cada mercado tem suas particularidades e algumas variáveis podem não estar contempladas nessa relação ou, então, não afetar a demanda.

Ao decidir investir, ainda na fase da elaboração do projeto, o empreendedor deve fazer um estudo prévio de mercado, ou seja, analisar *a priori*[4] a quantidade da demanda. Para exemplificar esse processo, analisaremos uma situação hipotética de procura por bicicletas em uma pequena cidade, representada pela **função de demanda** apresentada na equação (1) a seguir:

(1) $Q^d = -500P + 400R + 0{,}03(Pop) + 100C_{red} + 0{,}06(Pub)$

Na equação (1), podemos observar que a **quantidade da demanda (Q^d)** é uma função dependente das variáveis representadas após o sinal da igualdade, isto é, do **preço do bem (P)**, da **renda do consumidor (R)**, do **índice populacional (Pop)**, da **disponibilidade de crédito (C_{red})** e dos **gastos com publicidade (Pub)**.

Supondo que a moeda seja dada em reais, o exemplo fornece a seguinte interpretação: a cada aumento de R$ 1,00 em P, Q^d reduz em 500 bicicletas. Para cada aumento de R$ 1,00 em R, a Q^d aumenta em 400 bicicletas. Para o aumento de 100 pessoas em Pop, Q^d aumenta em 3 bicicletas. Já para cada aumento em 1 unidade em C_{red}, Q^d aumenta em 100 bicicletas. Por fim, para cada aumento de R$ 100,00 em Pub, Q^d aumenta em 6 bicicletas.

[4] A *priori* é uma expressão do latim utilizada para designar aquilo que precede; no caso deste estudo, *a priori* significa estudar o mercado antes de o projeto entrar em funcionamento.

A **oferta**, outro conceito relevante para a análise de mercado, representa a quantidade de determinado bem ou serviço que os produtores e vendedores desejam vender em determinado período. Assim como a demanda, ela representa uma intenção, e não a efetiva oferta. Dito de outra forma, a oferta representa a quantidade de produtos que a empresa está disposta a colocar no mercado, considerando os seus custos de produção. Evidentemente, o ferramental utilizado para analisar uma única empresa também é válido para analisar um grupo de empresas.

O Gráfico 1.3 considera a forma mais simples de representação da **lei da oferta**: uma função linear, na qual a quantidade ofertada depende apenas dos preços.

Gráfico 1.3 – Lei da oferta

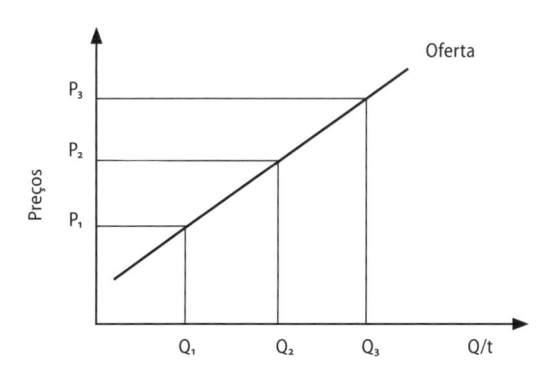

O eixo vertical representa os **preços dos produtos (P)**, e o eixo horizontal, a **quantidade ofertada em dado intervalo de tempo (Q/t)**. A curva (no exemplo, é uma reta) de oferta representa as diversas quantidades possíveis de determinado bem ou serviço que as empresas estão dispostas a ofertar a diferentes níveis de preços, se mantidas constantes as demais variáveis. Supondo que as empresas formam os seus preços com base no custo de produção, adicionando ainda uma margem de lucro, elas estariam dispostas a ofertar mais se o preço fosse maior, caso fossem mantidas constantes todas as demais variáveis, inclusive os seus custos. Portanto, se a empresa estiver na situação em que o preço de mercado for P_1, ela estará disposta a ofertar a quantidade Q_1.

Mantidas constantes todas as demais variáveis, se o preço de mercado aumentar de P_1 para P_2, a quantidade ofertada passaria para Q_2, e, se houvesse uma elevação de P_2 para P_3, a empresa estaria disposta a ofertar a quantidade Q_3. A análise realizada para uma empresa é a mesma utilizada para um conjunto de empresas.

Da mesma forma que a demanda, as quantidades ofertadas dependem de outras variáveis além do preço e dos custos de produção, como preço do bem; custo dos fatores e insumos de produção (matérias-primas, mão de obra etc.); preço de outros bens, substitutos na produção; tecnologia e fatores climáticos e ambientais.

Do mesmo modo que foi apresentado na demanda, algumas variáveis que afetam a oferta, apresentadas anteriormente, podem não impactar na oferta de determinado bem, assim como pode haver alguma variável não mencionada aqui que, no entanto, influencia nesse quesito. A relação de variáveis não se limita a essas questões – para cada tipo de bem há uma série de variáveis a ser observadas.

A construção da curva da oferta da empresa se dá de forma análoga àquela apresentada na curva de demanda: após a identificação das variáveis que impactam a oferta da empresa e do impacto de cada uma sobre a oferta, é possível construir uma equação de oferta semelhante à apresentada na equação (1).

As leis da oferta e da demanda sugerem que, em estrutura de mercados de concorrência perfeita, monopolística ou oligopólio, os preços são determinados pelo mercado. Nas estruturas de mercado de oligopólio cooperativo (formação de cartel) ou de monopólio (uma única empresa), são as empresas que decidem a quantidade de produtos a ser produzida e a que preço eles devem ser negociados; aos consumidores, só resta concordar com as exigências.

Obviamente, os aspectos relacionados à oferta e à demanda não se esgotam nessa forma simplista apresentada. Para analisar esses itens, é necessário conhecer outros fatores, como a elasticidade, os tipos de bens, a importância do bem para o consumidor e a estrutura de mercado.

Essa apresentação básica sobre oferta e demanda objetiva demonstrar a possibilidade do estudo prévio de mercado, a fim de conhecer, ainda na fase do projeto, o mercado no qual o empreendedor atuará – sempre considerando que, para cada variável verificada, deve ser feita uma análise das quantidades relacionadas às mudanças das variáveis, assim como realizamos anteriormente com o preço e a renda, no exemplo da demanda.

A **abordagem microeconômica** é bastante ampla e merece análise mais detalhada. Como ela não é o foco deste capítulo, caso você deseje compreendê-la melhor, deve procurar informações específicas sobre o assunto[5].

Tamanho do projeto

Determinar a escala de produção a ser instalada é uma das etapas mais importantes no desenvolvimento do projeto. Nela, é tomada a decisão acerca do **tamanho do mercado** que a empresa pretende atingir. Na elaboração do projeto, pode ser previsto um crescimento na demanda e, consequentemente, o tomador de decisão poderá optar por uma escala maior que a necessária para o atendimento atual, prevendo assim um ganho futuro.

Uma situação adversa seria o empreendedor não prever o crescimento de mercado e desenvolver o projeto de acordo com a demanda atual. Nesse caso, se houvesse potencial de

5 Existe uma variedade de livros que abordam o assunto *microeconomia*; para uma leitura introdutória, procure *Introdução à economia*, de N. Gregory Mankiw. Para uma leitura intermediária, sugerimos *Princípios básicos de microeconomia: uma abordagem moderna*, de Hal R. Varian. Esses são os principais livros utilizados na maioria dos cursos de graduação em Economia. Caso queira ler uma obra mais avançada, procure *Microeconomic Theory*, de Andreu Mas-Colell, Michael Dennis Whinston e Jerry R. Green.

crescimento da demanda, ele estaria deixando espaço para a concorrência dominar o mercado excedente.

Dos pontos de vista técnico e econômico, o tamanho da fábrica ou do projeto é definido pela capacidade instalada, ou seja, é a **capacidade total de produção que, em situação normal, pode ser atingida em determinado intervalo de tempo.**

No entanto, raramente é estabelecido um nível de produção cujos pontos de vista estejam em consonância. Por isso, é necessário analisar a escala do projeto sob o enfoque da análise individual destes dois conceitos.

Woiler e Mathias (2008) apontam que, do **ponto de vista técnico ou da engenharia**, o tamanho ideal de determinado projeto é aquele em que é obtido o máximo de produção possível em dado intervalo de tempo. No entanto, devem ser levadas em consideração as interrupções e as perdas de eficiência devido à mão de obra não qualificada na operação de equipamentos, bem como as paradas obrigatórias para manutenção corretiva ou preventiva nas etapas do projeto.

Nesse ponto de vista, a escala do projeto é determinada com base nos conceitos de *capacidade nominal* e *capacidade efetiva*.

A quantidade produzida em **capacidade nominal** é aquela gerada por meio da utilização de todos os equipamentos e insumos em geral, não considerando falhas de equipamentos ou qualquer outra anomalia.

Já a quantidade produzida em **capacidade efetiva** é gerada pela utilização de todos os equipamentos e insumos, descontando o tempo perdido decorrente das falhas ou de qualquer outra anomalia.

Com base na definição desses conceitos, é possível determinar o **índice de utilização**, o qual indica a oferta real da empresa – a escala real do projeto –, demonstrado na equação (2):

$$(2) \quad N_u = \frac{C_e}{C_n}$$

Em que:

N_u = Índice de utilização

C_e = Capacidade efetiva

C_n = Capacidade nominal

Esse índice representa o **percentual atingido de produção** em relação ao nominal. Na ocorrência de um baixo índice, o planejador do projeto pode recorrer à verificação da existência de gargalos na produção[6]. Estes podem ocorrer em razão da baixa produtividade de algum equipamento, o que pode resultar na redução do índice de utilização. Para contornar essa situação, o planejamento do projeto deve ser bem dimensionado e, se necessário, prever equipamentos reservas ou ter operação em mais de um turno.

Do **ponto de vista econômico**, a escala do projeto mais apropriada é aquela em que o nível de produção representa o custo unitário mínimo. Em outras palavras, a escala ótima do projeto é aquela em que o lucro é máximo.

O **custo unitário mínimo** é dado pelo custo total dividido pela quantidade produzida. Para simplificar, assumiremos que o **lucro (L)** é dado pela diferença entre as **receitas (R)** e os **custos da produção (C)**, ou seja: L = R – C.

Portanto, o custo mínimo é condição necessária para atingir o lucro máximo. Pela equação (2), você pode verificar que, quanto menor o custo, dada a receita, maior é o lucro. Isso equivale a dizer que a escala ótima do projeto é aquela em que o **custo total médio (CTM)** é mínimo, e consequentemente o lucro total médio é máximo[7].

O CTM é dado pela somatória do **custo total (CT)** dividido pela **quantidade produzida (Q)**, como podemos ver na equação (3):

---

[6] Termo utilizado para explicar que algum equipamento ou processo está limitando a produção, enquanto outros estão operando com ociosidade.

[7] Suponha que o custo total médio se eleve e, com isso, o lucro total médio não seja mais o maior; portanto, a escala não é a ótima, pois a ótima seria aquela na qual o lucro seria o maior possível.

$$(3) \quad CTM = \frac{CT}{Q}$$

Para obtermos o CT, devemos somar o **custo fixo (CF)** com o **custo variável (CV)**, conforme a equação (4) a seguir:

$$(4) \quad CT = CF + CV$$

O **custo fixo** é invariável, mesmo quando variar a quantidade produzida (IPTU, aluguel etc.). Já o **custo variável** é aquele que se modifica conforme a alteração da quantidade produzida (matéria-prima, mão de obra etc.).

Graficamente, temos:

Gráfico 1.4 – Custo total em relação à quantidade

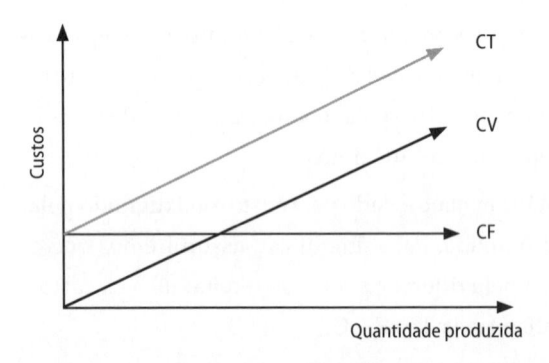

O Gráfico 1.4 indica a relação dos custos com a quantidade produzida. Percebemos que o CF permanece constante apesar do aumento da produção: mesmo com a quantidade produzida afastando-se do eixo, a curva do CF não se altera. Já a curva do CV varia de acordo com o aumento da produção – observe que ela tem inclinação positiva –, isto é, à medida que aumenta a quantidade produzida, aumenta também o CV. A curva de CT, como indicado na equação (4), representa a soma dos CF e CV.

Perceba que no **ponto zero**, em que não há produção alguma, existe determinado valor de CF e zero de CV. Portanto, nesse ponto, o CT é somente o CF; à medida que a produção cresce, aumenta o CT em virtude do aumento do CV.

Analisado os conceitos de CT, CF e CV, é possível demonstrar o **ponto ótimo** de produção. Veja a seguir:

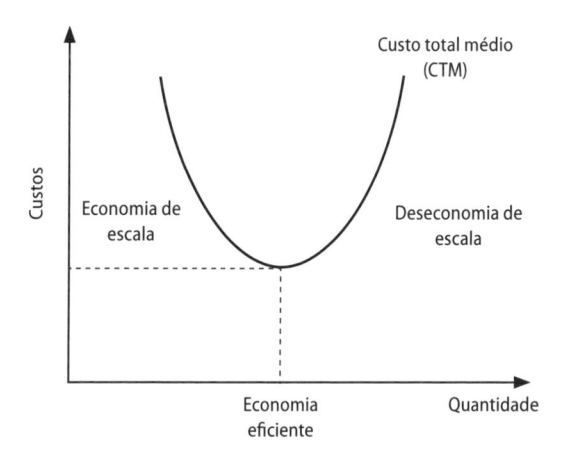

Gráfico 1.5 – Escala ótima ou eficiente

```
        ^
        |              Custo total médio
        |                   (CTM)
   Custos|  \                    /
        |   \                  /
        |    \  Economia de  /   Deseconomia de
        |     \   escala    /      escala
        |      \           /
        |       _____/
        |       :
        |       :
        +-------|----------------> Quantidade
              Economia
              eficiente
```

Com base no Gráfico 1.5, a **economia eficiente**, também conhecida como *escala eficiente*, é aquela em que o CTM é mínimo. À esquerda da economia eficiente, temos a **economia de escala**, também chamada de *rendimento crescente de escala*. Nessa região, conforme a quantidade produzida aumenta, os CFs, por serem rateados por uma quantidade maior de produtos, diminuem. Portanto, o CTM é reduzido em virtude da diminuição dos CFs.

Do lado direito da economia eficiente, temos a **deseconomia de escala**, também conhecida como *rendimento decrescente de escala*. Essa denominação é decorrente da contribuição cada vez menor dos insumos variáveis à medida que a produção cresce. Imagine a seguinte situação hipotética: Um empresário percebe que a sua padaria, funcionando com apenas um padeiro, vende todos os 500 pães que produz, e, então, ele decide contratar mais um funcionário. Vamos supor que, devido à utilização conjunta dos equipamentos, a soma da produção dos dois padeiros vai para 800 pães. Todos esses pães produzidos são vendidos, o que leva o empresário a contratar um terceiro padeiro. A soma da produção dos três padeiros agora é 1.200 pães. Perceba que, à medida que o empresário acrescenta um insumo variável, a produção reduz, em virtude da quantidade limitada dos insumos fixos – as máquinas –, pois o padeiro necessita aguardar o seu colega de trabalho utilizar o equipamento para também usá-lo. Assim, o empresário tem aumentos na produção, mas, ao adicionar insumos variáveis, sua produção apresenta taxas decrescentes. Como os CFs estão associados aos insumos fixos e os CVs, aos variáveis, chegará um momento em que, devido ao aumento da quantidade produzida, o aumento dos CVs será maior que a redução dos CFs.

> Portanto, a **deseconomia de escala** representa custos crescentes em virtude do rendimento decrescente da escala, visto que o aumento dos custos significa redução dos lucros. Por isso, o ponto de escala eficiente representa a escala ideal para a empresa e, obviamente, deve ser levado em consideração o aspecto relacionado à estrutura de mercado na qual ela está inserida.

Em suma, a **escala ótima do projeto** ou da produção é aquela que proporciona a mais alta rentabilidade para a empresa em dado intervalo de tempo, sendo alcançada no momento em que houver um custo-benefício favorável para o empresário.

1.2.2 Aspectos técnicos do projeto

Em linhas gerais, os **aspectos técnicos do projeto** estão relacionados à participação dos engenheiros no processo de elaboração do plano de investimento. Contudo, é necessário alinhar as relações referentes aos aspectos técnicos aos econômicos, visto que a troca de informações entre engenheiros, técnicos especializados e economistas é necessária.

A inter-relação entre esses aspectos ocorre desde o estudo de mercado, quando foram definidos a característica do produto, o quanto produzir e para quem produzir. Com base nessa constatação, a engenharia analisa os aspectos referentes ao modo de produção e aos insumos necessários, como mão de obra necessária e instalações físicas. Após a avaliação dos aspectos técnicos indispensáveis à produção, o projeto volta para a análise econômica, em que é traduzido todo o arranjo físico, necessário à produção, em unidades monetárias.

> A engenharia, dentro do contexto de projeto, é responsável pela organização dos insumos e pelo cumprimento dos requisitos técnicos para atingir o programa de produção projetado. Em termos de investimentos físicos, ela está relacionada aos aspectos referentes à montagem e ao funcionamento da unidade produtiva, sendo assim a responsável pela combinação das matérias-primas, mão de obra e insumos diversos, como água, energia elétrica, transportes, embalagem, combustível, processo tecnológico, regime de produção, *layout* e otimização do fluxo de operações.

Veja, a seguir, os ciclos que compõem um projeto de investimento.

1.2.2.1 Ciclo de um projeto

O ciclo de vida de um projeto é entendido como a divisão do projeto em partes que vão desde a fase do esboço até a do encerramento. Essa segmentação permite aos envolvidos um melhor controle dos recursos gastos para a obtenção das metas estabelecidas. As principais fases são comuns a todos os projetos, independente do conteúdo, e o conhecimento destas proporciona benefícios comuns ao analista de qualquer projeto. São elas:

- Verificação do que foi ou não realizado pelo projeto.
- Avaliação do progresso do projeto em um intervalo de tempo.
- Identificação do exato momento em que o projeto se encontra.

O conhecimento do ciclo de vida também possibilita algumas considerações ao longo do projeto, por exemplo:
- se as características do projeto tendem a se desviar do que foi previamente projetado;
- se as características referentes às incertezas relativas a custos e prazos tendem a diminuir ao final de cada fase.

A localização do **valor máximo** varia de projeto para projeto. Graficamente, o ciclo de vida do projeto apresenta o seguinte comportamento:

Gráfico 1.6 – Nível de esforço em relação ao tempo

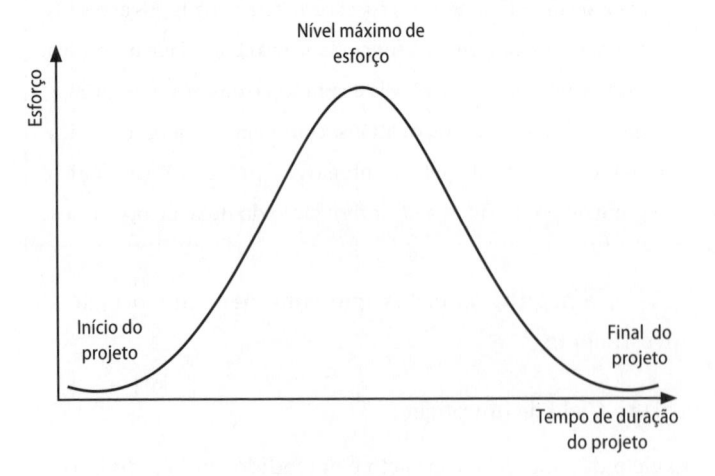

O **nível de esforço do projeto** inicia-se próximo a zero, visto que não necessita de muitos recursos, e cresce até atingir o **nível máximo de esforço**. Este pode ser considerado o ponto crítico do projeto, pois é onde se agrupa o maior número de insumos necessários e, portanto, o maior desembolso financeiro. No ponto máximo, o projeto tende a ter uma queda abrupta até atingir o ponto mínimo, o que representa o seu fim.

As fases estão relacionadas à natureza do projeto. No entanto, todos os projetos partem de uma ideia passada para um plano, o qual progride para a execução e o encerramento. Cada fase é caracterizada por uma entrega, ou seja, uma finalização da atividade. Toda conclusão de fase deve ser facilmente identificada, o que em geral ocorre por meio da elaboração do cronograma e de relatórios, ou então por um conjunto de atividades.

Por exemplo: a fase da ideia deve conter toda justificativa de existência de mercado, o porquê da localização e da escolha do tamanho do projeto. A fase da execução deve conter todas as atividades, com as respectivas datas de início e fim de cada uma delas. Da mesma forma, para a fase do encerramento, recomenda-se a definição das datas para as diferentes etapas do encerramento. No mercado, existe uma diversidade de *softwares*[8] de acompanhamento de projetos que proporcionam grande facilidade na estruturação e no acompanhamento deles.

O ciclo de vida de um projeto pode ser, genericamente, dividido nas seguintes fases: inspiração; planejamento; execução; monitoramento; e controle e encerramento. Veja o Gráfico 1.7, a seguir.

Gráfico 1.7 – Ciclo de vida do projeto dividido em fases

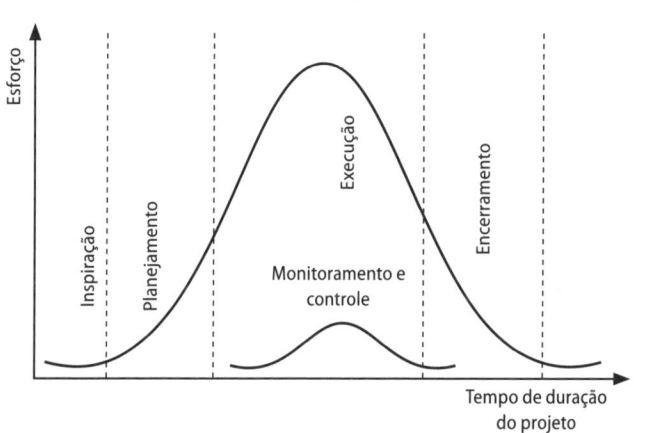

[8] Destacamos os seguintes *softwares*: GANTT (ferramenta de mapeamento e apresentação da situação prevista e realizada das atividades numa escala horizontal), PERT (permite verificar a probabilidade de atendimento do cronograma do projeto) e CPM (controla tanto o tempo quanto o custo de cada etapa).

Inicialmente, o custo é quase inexistente, pois se considera apenas o tempo para o esboço do projeto. Já na segunda fase, há um esforço maior em virtude do planejamento da arquitetura do projeto. Em seguida, na terceira fase, o esforço é máximo, já que o envolvimento e a utilização da maioria dos insumos são concentrados. Nessa fase, em virtude do maior esforço, é recomendável que sejam feitos o monitoramento e o controle de insumos e prazos. Na quarta e última fase, o esforço, por requerer poucos recursos, passa a ser próximo de zero, visto que o projeto já foi executado, restando apenas o encerramento. Cada fase do projeto define a atividade a ser executada, bem como os indivíduos envolvidos.

Normalmente, as fases dos projetos podem ser assim explicadas:

- **Fase da inspiração** – Ocorre quando uma necessidade é identificada e transformada em um problema estruturado. Nessa fase, após a definição da missão e do objetivo do projeto, são elaborados os documentos iniciais. Em seguida, é feita a análise de todas as estratégias possíveis, dentre as quais são selecionadas as melhores.

- **Fase do planejamento** – Delineamento de tudo aquilo que se pretende fazer com o projeto. Nessa etapa, são detalhadas informações como cronograma, interdependência das atividades, alocação dos recursos e receitas esperadas. Ou seja, no planejamento é feita a análise de custos, tempo, qualidade, incertezas e riscos.

- **Fase da execução** – Consome a maior parte do orçamento previsto, posto que é a responsável pelo consumo da maioria dos recursos. Nessa fase, o planejamento é concretizado e são evidenciados os possíveis erros cometidos até então.

- **Fase de monitoramento e controle** – Objetiva acompanhar e controlar o que está sendo desenvolvido pelo projeto. Nessa fase, é necessário prever quaisquer riscos, bem como propor ações de prevenção. Caso alguma anormalidade seja detectada, devem-se propor correções.

- **Fase do encerramento** – Também conhecida como *fase do aprendizado*, é nessa etapa que todos os documentos relacionados ao projeto são analisados, discutindo-se as falhas ocorridas para que não se repitam em novos projetos. Em geral, nessa fase ocorre a auditoria interna ou a externa (realizada por terceiros), dependendo do tamanho do projeto.

Na prática, as fases do projeto, demonstradas no Gráfico 1.7, são realizadas de forma simultânea, isto é, não se espera a conclusão de uma para iniciar a outra – é um ciclo dinâmico, com atividades bem definidas em cada fase.

Apesar de o ciclo de vida do projeto ter uma análise semelhante à do ciclo de vida do produto, devemos estar atentos para não nos confundirmos. Nas fases iniciais do projeto, é relevante conhecer as fases do ciclo de vida do produto, pois nessa análise são verificados os aspectos relacionados à exploração econômica do produto (p. ex.: verificação da importância do produto para o cliente, como o tempo de vida[9] do produto no mercado).

Maximiano (2010) afirma que todos os produtos, assim como as fábricas construídas (anteriormente projetos), também chegam ao fim. O autor complementa que o ciclo de vida do projeto chega ao destino dado ao produto e, em seguida, ao terceiro ciclo, o qual caracteriza a fase final do negócio. Observe a Figura 1.1, a seguir.

---

9 Com a evolução da sociedade e o surgimento de novos hábitos de consumo, surgem novas necessidades e os produtos existentes necessitam de adaptação ou de substituição. Isso explica a existência de tempo de vida do produto no mercado.

Figura.1.1 – Etapas do negócio

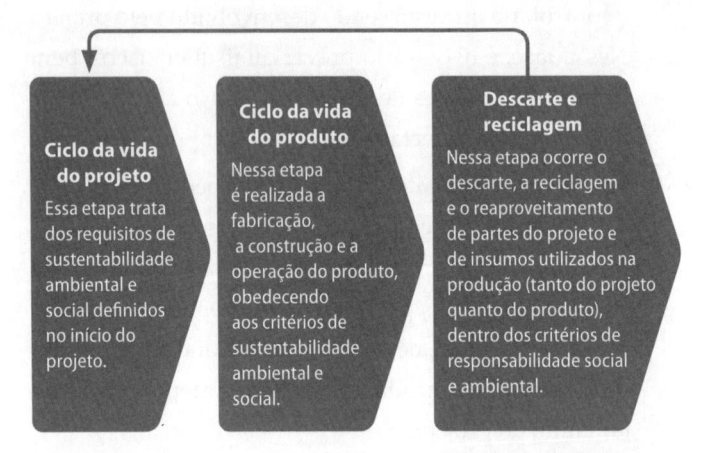

Ciclo da vida do projeto
Essa etapa trata dos requisitos de sustentabilidade ambiental e social definidos no início do projeto.

Ciclo da vida do produto
Nessa etapa é realizada a fabricação, a construção e a operação do produto, obedecendo aos critérios de sustentabilidade ambiental e social.

Descarte e reciclagem
Nessa etapa ocorre o descarte, a reciclagem e o reaproveitamento de partes do projeto e de insumos utilizados na produção (tanto do projeto quanto do produto), dentro dos critérios de responsabilidade social e ambiental.

FONTE: Maximiano, 2010, p. 18.

Na fase inicial do projeto apresentado no Gráfico 1.7, deve ser levado em consideração o negócio como um todo, desde a concepção inicial do projeto, passando pela utilidade do produto até o final do ciclo de vida deste.

> O **ciclo de vida do produto** é uma análise dos aspectos relacionados à exploração econômica. Já o **ciclo de descarte e reciclagem** expõe os aspectos relacionados à proteção do ambiente e da sociedade.

1.2.2.2 Ciclo de vida do produto

Os produtos em geral, assim como os projetos, tendem a apresentar um padrão de desenvolvimento, denominado *ciclo de vida do produto*, cujo conhecimento é de grande utilidade para realizar projeção da demanda de determinado produto.

Para Kotler e Keller (2006), esse ciclo compreende desde o momento embrionário do produto até a fase final de sua exploração econômica. Ele pode existir dentro de vários ambientes competitivos, contudo nem sempre é interno, visto que o ciclo pode depender de forças externas à empresa. Portanto, entender o ciclo consiste em compreender os distintos estágios pelos quais passa um produto em sua história de vendas.

O ciclo de vida de um produto é dividido em cinco estágios: introdução, crescimento, maturidade, saturação e declínio (Woiler; Mathias, 2008).

Gráfico 1.8 – Estágios do ciclo de vida do produto

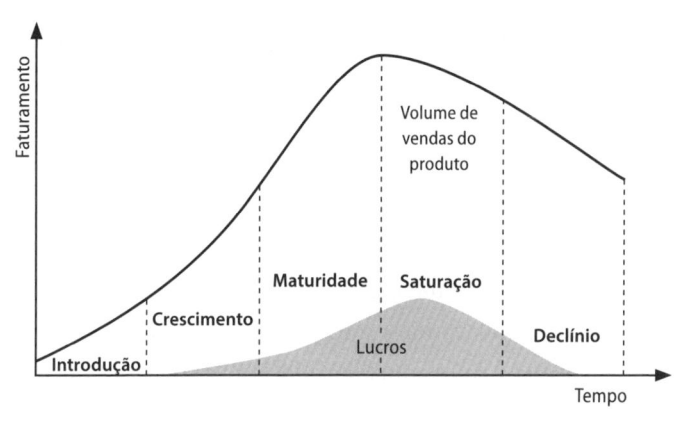

FONTE: Woiler; Mathias, 2008, p. 59.

O ciclo de vida do produto, assim como o tempo de duração de seus estágios, varia de produto para produto. Essa análise permite mapear o mercado, indicando a posição dos produtos ofertados, bem como possibilita realizar estimativas do posicionamento de produtos concorrentes. Com isso, a empresa pode conduzir o planejamento de tal modo que, quando um produto atinge o estágio da maturidade, outros já estão sendo desenvolvidos e introduzidos no mercado, a fim de compensar as reduções nas vendas. Confira, a seguir, as características de cada estágio:

- **Introdução** – As vendas são baixas, e o crescimento, lento. O produto está sendo introduzido no mercado e, por não ter fabricação em escala, apresenta altos custos de produção. Nessa fase, a empresa incorre, ainda, com altos investimentos em tecnologia, propaganda, distribuição, embalagem e *design*. A lucratividade é baixa ou então inexistente. Considera-se a fase mais arriscada, pois muitos produtos não são aceitos pelo mercado, o que os leva, então, ao insucesso.

- **Crescimento** – Os consumidores tomam conhecimento da existência do produto, as vendas se elevam e, consequentemente, os mercados se expandem, favorecendo a produção em grande escala. Nessa fase, apesar de os preços caírem em virtude do crescimento da produção, a empresa recupera todos os investimentos e o lucro aumenta. Porém, com isso, os concorrentes começam a surgir, e a empresa deve investir em estratégias de *marketing* para não perder mercado.

- **Maturidade e saturação** – Ocorre desaceleração do crescimento das vendas, o que leva os produtores menos eficientes a saírem do mercado. Em virtude do aumento da concorrência e dos crescentes gastos com propaganda, os lucros estabilizam-se ou caem. Para reverter essa situação, são necessários altos investimentos em *marketing* a fim de promover o uso mais frequente pelos consumidores, ou então descobrir novas utilidades para o produto. No estágio da saturação, a tendência é a competição ficar mais acirrada, e o produto passa a depender dos aspectos econômicos gerais.

- **Declínio** – Período em que as vendas apresentam forte queda e os lucros desaparecem. Nessa etapa, a empresa e seus concorrentes começam a retirar o produto do mercado e investem no lançamento de um novo produto. A existência do declínio pode estar relacionada ao desaparecimento da necessidade pelo produto e ao surgimento de novos produtos com maior eficiência ou substitutos. O foco das atenções são os custos de produção. Em geral, nesse estágio, as empresas transferem suas instalações para regiões onde o custo de produção seja inferior e intensificam os esforços em *marketing* e planejamento de produção.

A determinação do início e do fim dos estágios do ciclo do produto não é uma tarefa fácil; é preciso estar atento ao mercado e ao comportamento das vendas e do lucro. Nem todos os produtos passam por todos os ciclos, pois podem morrer na etapa introdução ou antes de alcançar a maturidade.

As fases do ciclo de vida podem ser relacionadas a fatores como **custos de produção e lucros advindos do produto**. O Quadro 1.1 relaciona o comportamento das vendas, os custos e os lucros ao longo do ciclo de vida de um produto.

Quadro 1.1 – Ciclo de vida dos projetos e seus efeitos no lucro

Ciclo de vida	Vendas	Custos	Lucros
Introdução	Crescimento lento.	Altos – em virtude do lançamento do produto.	Inexistem ou são negativos.
Crescimento	Crescimento significativo.	Reduzidos – em função da produção em escala.	Altos.
Maturidade	Estabilização ou queda.	Altos – decorrentes de investimentos em *marketing*.	Manutenção ou declínio.
Declínio	Forte queda.	Estabilizados – em função da diminuição da produção em escala compensada pela redução investimentos em *marketing*.	Desaparecem.

Fonte: Adaptado de Corbari; Macedo, 2012, p. 191.

> Para a gestão estratégica de custos, assim como para a contabilidade gerencial, o efetivo custo de um produto compreende o total dos gastos incorridos em todas as suas fases.

Wernke (2004) descreve que, para formação do custo do produto, a contabilidade tradicional associa apenas os custos referentes às fases que vão do planejamento até a sua produção.

No entanto, o "ciclo de vida real não termina quando o produto é fabricado e sim quando o produto ou equipamento perde sua utilidade ou se desgasta totalmente para a finalidade que o consumidor o adquiriu" (Wernke, 2004, p. 75). Esse ciclo finda quando o produto deixa de ter vida útil para o consumidor.

Entretanto, nessa perspectiva, **o custo de um produto é bem mais amplo do que o custo atribuído pela contabilidade tradicional.** Para Wernke (2004), o custo relacionado ao ciclo de vida dos produtos refere-se à somatória de todos os gastos incorridos desde a ideia inicial, passando por todos os estágios de desenvolvimento do produto (distribuição, campanhas de *marketing*, retirada do mercado e fornecimento de peças para manutenção no período pós-retirada do produto do mercado).

Conforme os produtos forem substituídos mais rapidamente pelo mercado e os investimentos efetuados para produzi-los recuperados, a análise do custo no ciclo de vida do produto adquire maior relevância. Quanto mais rápido for esse ciclo, maior será o cuidado necessário no processo de elaboração de estratégias de venda a fim de obter o retorno esperado (Corbari; Macedo, 2012, p. 192).

1.2.2.3 Custos e receitas

Entre as diferentes etapas de um projeto, o **orçamento de custos e receitas** pode ser considerado uma das mais importantes. Todos os elementos básicos referentes aos aspectos financeiros do projeto são sintetizados para posterior avaliação econômica do investimento.

O estudo de mercado tem como objetivo final um **programa de produção**, o qual estima os preços das quantidades a serem vendidas. Ao multiplicarmos os preços unitários pelas quantidades vendidas, obtemos as **receitas operacionais**.

Já os **custos** dos projetos possuem duas origens: os investimentos que constituem o estoque de capital e os custos operacionais, relacionados aos CF e CV.

1.2.3 Aspectos financeiros

Os **aspectos financeiros** tratam, entre outras questões, das possibilidades de composição do capital a ser investido no projeto, observando se a composição do capital da empresa se dará por meio de financiamento ou capital próprio (ou ainda a composição dos dois, e qual a participação de cada um).

1.2.3.1 Investimentos

O estudo de **investimento** do projeto objetiva estimar os recursos de capital necessários para a sua realização. Com base na estimativa de investimentos, estrutura-se o esquema de financiamentos e, consequentemente, são avaliados os custos de capital, rentabilidade etc.

Para tanto, analisam-se as possibilidades de **composição do capital** a ser investido no projeto, a fim de determinar as quantidades de capital próprio e de terceiros utilizados. O **capital de terceiro** investido no projeto está positivamente relacionado à remuneração que este representa para aquele. Já o **capital próprio** está negativamente relacionado ao custo de oportunidade de investimento no projeto.

Custo de oportunidade é um termo utilizado para indicar o custo da renúncia a uma oportunidade, ou seja, é o que poderia ser ganho no melhor uso alternativo dos recursos. Suponha que o tomador de decisão tenha várias possibilidades de aplicar o seu dinheiro, e a escolha de investir num projeto faz com que ele deixe de lado as demais possibilidades, pois o recurso é escasso e, portanto, as possibilidades são excludentes, o que impede a participação de outras aplicações – o custo de oportunidade é o dado pela renúncia da melhor alternativa que ele abandonou. Dito de outra forma, ele representa o valor da melhor alternativa não escolhida.

Há, ainda, o estudo de **financiamento** do projeto, o qual procura determinar a viabilidade e a otimização financeira do investimento. Para tanto, essa análise levanta as possibilidades de captação de poupança no ritmo e na quantidade adequados para a realização dos investimentos, buscando indicar as possíveis fontes de recursos. Outro ponto considerado no estudo do financiamento diz respeito à minimização dos custos de capital, ou seja, à procura por um sistema financeiro que implique os melhores resultados para o projeto.

Os recursos para financiamentos dos projetos podem advir de fontes internas ou externas. As **fontes internas** são relacionadas com as receitas de caixa geradas pela empresa além dos lucros retidos, incluindo reservas de depreciação, vendas de ações ordinárias ou preferenciais, entre outras. Já as **fontes externas** são por aporte externo – a empresa, por cota (venda de ações), obtém um novo sócio ou recebe recursos de bancos privados ou estatais, empréstimos de bancos internacionais etc.

Na análise do **capital de giro**, é possível determinar a quantidade monetária de caixa necessária para os pagamentos decorrentes das operações da empresa.

Outras técnicas relacionadas aos aspectos financeiros também são consideradas, como as análises de grau de endividamento, a evolução do capital e do patrimônio, os índices de liquidez e a capacidade de pagamento dos empréstimos. Elas referem-se à análise de projeção do projeto e normalmente ocorrem quando a empresa já está em funcionamento.

1.2.4 Aspectos administrativos, jurídicos e legais, ambientais e contábeis

Os **aspectos administrativos** estão relacionados à estrutura organizacional necessária para implantação e operação do projeto. Na avaliação desse aspecto, é feita a análise do custo da estrutura, como os custos operacionais da empresa e de implantação do projeto. Além disso, outro fator importante considerado é referente ao treinamento de pessoal nos processos de implantação e operação.

Na elaboração do projeto, também devem ser considerados os **aspectos jurídicos e legais**. Os primeiros dizem respeito à forma societária da empresa, considerando o tipo, os sócios e a participação do capital de cada um no projeto. Os segundos estão relacionados às exigências legais, aos impostos e às vantagens oferecidas pelo governo, chamadas de *benefícios fiscais*. Tanto as exigências quanto os benefícios podem ser diferentes de região para região. Esses aspectos estão relacionados à importância do projeto para o desenvolvimento de determinada região ou à importância do produto para a população.

No que se refere aos **aspectos ambientais**, deve ser feita uma análise de custo-benefício, observando as externalidades positivas e negativas do projeto. Do ponto de vista positivo, devem ser levados em consideração a geração de emprego, o desenvolvimento da comunidade na qual o empreendimento está instalado e o desenvolvimento educacional provocado pela instalação do projeto. Do ponto de vista negativo, devem ser considerados os aspectos relacionados à poluição do meio ambiente, à periculosidade e à insalubridade às quais os habitantes estão submetidos, ao excesso de ruído e à qualidade do ar, da água etc.

Já os **aspectos contábeis** estão intimamente relacionados às projeções do projeto e o cronograma financeiro. Também se referem ao plano de contas e aos instrumentos de controle na implantação, no desenvolvimento e após a operação do negócio.

Síntese

Projeto pode ser definido como o conjunto de informações que a empresa coleta, processa e valida, a fim de analisar a possibilidade de investimento. A análise de projeto leva em consideração diversos aspectos relacionados aos ambientes econômico, produtivo, financeiro, administrativo, jurídico, ambiental e contábil.

O processo inicial da elaboração de projetos envolve pesquisas relacionadas à estrutura de mercado, à localização para instalação do projeto, ao tamanho ideal do projeto decorrente da escala de produção e da comercialização do produto, ao modelo a ser adotado na produção e às fases do ciclo de vida do projeto e do produto.

Em suma, neste capítulo procuramos demonstrar a você os fatores mínimos a serem considerados na análise de um projeto de investimento.

Questões para revisão

1. Defina *projeto*.

2. Quais são os aspectos relevantes na análise de projetos?

3. Os fatores que influenciam a demanda são:
    I. riqueza dos indivíduos.
    II. preço dos bens substituto.
    III. facilidade de crédito.
    IV. tecnologia.

    Assinale a alternativa correta:
    a) Estão corretas apenas as alternativas I e II.
    b) Estão corretas apenas as alternativas I, II e III.
    c) Estão corretas apenas as alternativas I e IV.
    d) Todas as alternativas estão corretas.

4. A respeito do ciclo de vida de um projeto, assinale (V) para as proposições verdadeiras e (F) para as falsas:

    ( ) Fase da inspiração – São definidos a missão e o objeto do projeto, elaborados os documentos iniciais, analisadas todas as estratégias possíveis e selecionadas as melhores dentre elas.

    ( ) Fase do planejamento – É detalhado tudo aquilo que se pretende fazer, observando questões como cronograma, interdependência das atividades, alocação dos recursos, custos, receitas esperadas etc.

( ) Fase da execução – Concretização de tudo aquilo que foi planejado. Caso algum erro tenha sido cometido, é nessa fase que ele ficará evidente.

( ) Fase de monitoramento e controle – Em geral, ocorrem as auditorias interna ou externa (realizada por terceiros), dependendo do tamanho do projeto.

( ) Fase do encerramento – Tem por objetivo acompanhar e controlar o que está sendo desenvolvido pelo projeto, prevendo quaisquer riscos e propondo ações de prevenção. Caso seja detectada alguma anormalidade, devem-se propor correções.

Agora, assinale a alternativa que apresenta a sequência correta:

a) V, V, V, F, F
b) V, F, V, V, F
c) F, V, V, F, F
d) V, V, F, F, V

5. Quanto ao ciclo de vida de um produto:
   I. na fase da introdução, existe um crescimento lento das vendas e os lucros são negativos ou inexistentes.
   II. na fase da maturidade, as vendas têm crescimento significativo, os custos são altos e os lucros se mantêm.
   III. na fase do crescimento, as vendas se estabilizam e os lucros declinam.
   IV. na fase de declínio, ocorre forte queda nas vendas, os custos se estabilizam e os lucros desaparecem.

É correto afirmar que:

a) apenas a afirmativa I está correta.
b) apenas as afirmativas II e III estão corretas.
c) apenas as afirmativas I e IV estão corretas.
d) nenhuma das alternativas anteriores está correta.

Questão para reflexão

Qual a importância do estudo da análise de projeto e do orçamento empresarial?

Saiba mais

Indicamos as obras a seguir para complementar seus estudos. A primeira obra aborda o assunto custeio e precificação. A segunda explora o pensamento econômico, apresentando vários estudos de caso – é uma obra básica no estudo de economia, pois aborda os aspectos microeconômicos e macroeconômicos. A terceira aborda os aspectos referentes ao planejamento, à elaboração e à análise de projetos, além de apresentar uma variedade maior de técnicas de análise de projetos.

CORBARI, E. C.; MACEDO, J. de J. **Administração estratégica de custos**. Curitiba: Iesde, 2012.

MANKIW, N. G. **Princípios de microeconomia**. São Paulo: Cengage Learning, 2009.

WOILER, S.; MATHIAS, W. F. **Projetos**: planejamento, elaboração e análise. 2. ed. São Paulo: Atlas, 2008.

ferramentas para avaliação de projetos

2

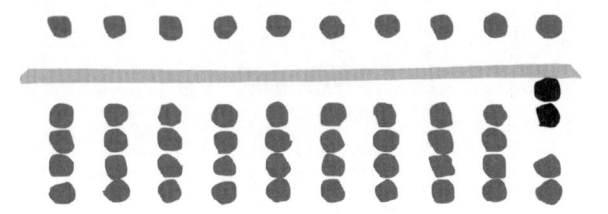

Conteúdos do capítulo:

- Análise de Fluxo de Caixa, Valor Presente e Valor Futuro.
- Decisão sobre aceitação ou rejeição de projeto de investimento.
- Técnicas de avaliação de investimento.
- Cálculo da viabilidade econômica e financeira por meio das técnicas Valor Presente Líquido (VPL), Taxa Interna de Retorno (TIR) e *Payback*.

Após o estudo deste capítulo, você será capaz de:

1. construir Fluxo de Caixa com base na estimativa de entradas e saídas de dinheiro;
2. identificar uma taxa de desconto adequada ao projeto de investimento;
3. calcular a viabilidade econômica financeira do projeto;
4. decidir aceitar ou rejeitar o projeto e sua inclusão no orçamento de capital, caso seja aceito.

𝒩ormalmente, os órgãos financiadores do projeto estão interessados em saber a viabilidade financeira do empreendimento. Na perspectiva empresarial, o interesse dos executivos é conhecer a **viabilidade econômica do investimento.**

A seguir, apresentamos algumas técnicas para facilitar essa análise, a fim de ajudá-lo a compreender melhor o processo decisório de aceitação ou rejeição do projeto de investimento.

2.1 Análise da viabilidade do projeto de investimento

Para analisar a viabilidade do investimento, os executivos se baseiam no **Fluxo de Caixa** e no **custo de oportunidade**. O primeiro refere-se a uma série de pagamentos ou recebimentos que juntos formam uma operação financeira. O segundo pode ser entendido como o custo do dinheiro no tempo. Podemos exemplificar esse caso da seguinte forma: imagine que o dinheiro estivesse em uma aplicação financeira em vez de estar em um projeto e, com isso, tivesse remuneração. Esse benefício que ele deixa de receber, caso não esteja aplicado, é o **custo de oportunidade abandonada**.

> Existem duas vertentes metodológicas para avaliação de projetos: uma está baseada no Fluxo de Caixa, que considera as entradas e saídas de dinheiro; a outra se baseia na abordagem econômica contábil e leva em conta os impactos econômicos apurados pelas demonstrações contábeis[1].

Os métodos mais utilizados, com base em Fluxo de Caixa dos projetos, são: Período de *Payback* simples, Período de *Payback* descontado, Taxa Interna de Retorno (TIR) e Valor Presente Líquido (VPL).

Como os critérios do Fluxo de Caixa consideram o valor do dinheiro no tempo, analisamos, na Figura 2.1, o **diagrama de capital no tempo**. O Fluxo de Caixa pode ser retratado por uma linha que representa o intervalo de tempo, sendo que a data zero indica a data atual e é o ponto referencial da linha; as entradas e saídas de dinheiro são indicadas por setas – as voltadas para baixo referem-se às saídas de dinheiro, já as voltadas para cima, às entradas de dinheiro.

[1] O conteúdo referente às demonstrações contábeis é aprofundado no Capítulo 5.

Figura 2.1 – Diagrama de capital no tempo

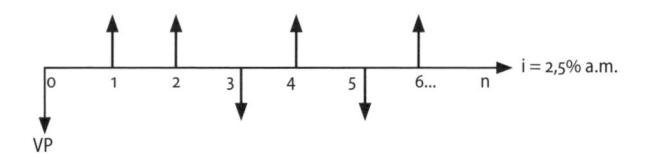

```
        ↑   ↑       ↑   ↑
  |_____|___|___|___|___|_____→  i = 2,5% a.m.
  0     1   2   3   4   5   6...  n
  ↓             ↓       ↓
  VP
```

A Figura 2.1 apresenta as variáveis analisadas em determinado Fluxo de Caixa. Observe que o período 0 indica que houve inicialmente uma saída de capital, visto que a seta está voltada para baixo. Já nos períodos 1, 2, 4 e 6 houve entrada de capital, pois as setas estão voltadas para cima. Também houve saída de capital em 3 e 5. O "n" indica que o projeto pode ser analisado até "n" períodos, representados pela linha de tempo, horizontal. Ao final da linha do tempo, temos a taxa de juros considerada para o projeto, representada por i – nesse caso, 2,5% ao mês.

Antes de prosseguir com a análise sobre as ferramentas de avaliação do investimento, será necessário realizar uma breve explicação acerca da determinação do **Valor Presente (VP)** e **Valor Futuro (VF)** dos investimentos, conceitos úteis para a compreensão do uso do ferramental.

2.1.1 Valor Presente (VP)

A Figura 2.1 foi útil para a demonstração das variáveis no Fluxo de Caixa. Mas imagine que o empreendedor deseja comparar a viabilidade de dois projetos distintos com base nas informações de todas as entradas e saídas do VP, considerando uma determinada taxa de juros para os projetos, representados no exemplo como 2,5% ao mês. Para comparar dois projetos distintos, o planejador deve trazer todas as entradas e saídas para o presente e somar todos os desembolsos e recebimentos, assim ele consegue identificar o VP do projeto como um todo. Observe a equação (5), a seguir.

$$(5) \quad VP = \Sigma \frac{VF}{(1+i)^n}$$

A equação (5) pode ser representada por um Fluxo de Caixa conforme a Figura 2.2 a seguir.

Figura 2.2 – Valor Presente de uma série de recebimentos

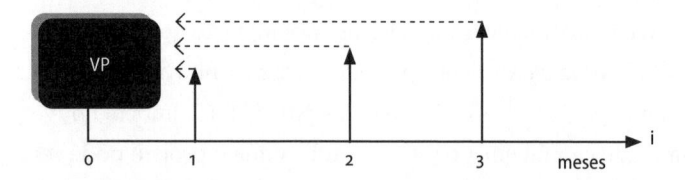

A Figura 2.2 representa um esquema de Fluxo de Caixa em que ocorrem três entradas (períodos de recebimentos). Basicamente, o VP serve para trazer esses períodos em valor presente, descontando a taxa de juros. Logo, é possível calcular a equivalência de capital no momento zero. Observe os exemplos a seguir.

Exemplo 1 – Suponha que um empresário tenha três opções de investimentos, e que, em virtude de seus prazos serem diferentes, o valor dos retornos também será. Para essa análise, vamos supor que, na opção 1, o empresário receberia ao final do primeiro mês a quantia de R$ 198,00; na opção 2, ao final do segundo mês, receberia R$ 217,80; ou, na opção 3, ao final do terceiro mês, o empresário receberia R$ 234,50. Considere que, com base nessas opções, o empresário queira saber qual é o investimento mais atrativo. Suponha também que a taxa mínima – denominada *Taxa Mínima de Atratividade* (TMA) – que ele estaria disposto a receber seja de 10% ao mês A TMA será explorada mais adiante; no momento, consideremos apenas que o retorno exigido pelo empresário é 10% a.m.

Resolução – Em termos de Fluxo de Caixa, temos as três situações a seguir:

Figura 2.3 – Retorno em um período

```
R$ 198,00
    ↑
────┼───┼───┼────────▶ i = 10% a.m.
0   1   2   3
```

Figura 2.4 – Retorno em dois períodos

```
    R$ 217,80
        ↑
────┼───┼───┼────────▶ i = 10% a.m.
0   1   2   3
```

Figura 2.5 – Retorno em três períodos

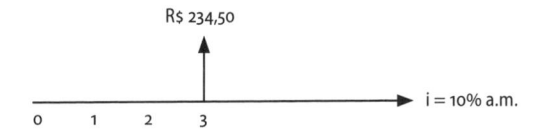

```
        R$ 234,50
            ↑
────┼───┼───┼────────▶ i = 10% a.m.
0   1   2   3
```

Substituindo as informações das figuras 2.3, 2.4 e 2.5 na equação (5), temos o seguinte:

$$\text{Opção 1: } VP_1 = \frac{198}{(1+0,1)^1} = 180$$

$$\text{Opção 2: } VP_2 = \frac{217,80}{(1+0,1)^2} = 180$$

$$\text{Opção 3: } VP_3 = \frac{234,50}{(1+0,1)^3} = 180$$

Com base nos valores encontrados, percebemos que, para o empresário, seria indiferente qualquer um dos três investimentos, visto que os diferentes retornos trazidos ao VP representam a mesma quantia.

O cálculo apresentado pode ser facilmente resolvido com auxílio de uma calculadora financeira[2], conforme roteiro a seguir:

---

2 Você poderá encontrar manuais em *sites* na internet com explicações sobre as siglas e as funções de uma calculadora financeira. Para saber mais, acesse: <http://h10032.www1.hp.com/ctg/Manual/bpia5239.pdf>.

Opção 1: 198 [CHS] [FV] 10 [i] 1 [n] [PV] = 180 [f] [REG]

Opção 2: 217,80 [CHS] [FV] 10 [i] 2 [n] [PV] = 180 [f] [REG]

Opção 3: 239,50 [CHS] [FV] 10 [i] 3 [n] [PV] = 180

Observe que os valores são os mesmos que os encontrados pela aplicação da equação (5).

2.1.2 Valor Futuro (VF)

O VF, de modo semelhante ao VP, busca identificar o valor futuro de um fluxo de entradas e saídas ocorrido no presente. Apesar da existência de variadas fórmulas financeiras na resolução de Fluxo de Caixa envolvendo juros compostos, a fórmula mais usual é dada pela equação (6) a seguir:

$$(6) \quad VF = VP\,(1 + i)^n$$

Exemplo 2 – Suponha que um poupador deseja saber quanto poderá sacar após nove meses de aplicação financeira a uma taxa de juros de 0,6% ao mês. Considere que, inicialmente, ele deposite R$ 300,00 e, nos próximos três meses, R$ 220,00. No entanto, no quarto mês, o poupador precisaria sacar R$ 83,00. Imagine que ele fique mais dois meses sem movimentar a conta e que somente no sétimo mês ele depositaria R$350,00. Considerando a incidência de 0,38% devido ao Imposto sobre Operações Financeiras (IOF) sobre todo o valor sacado, ao final do nono mês, ele sacaria todo o dinheiro depositado.

Resolução – Inicialmente, para facilitar a análise, representaremos a aplicação financeira em Fluxo de Caixa. Ao desenhar o fluxo, devemos considerar a incidência do IOF em 0,38% nos saques realizados.

Figura 2.6 – Análise do Valor Futuro de uma série de depósitos e saques

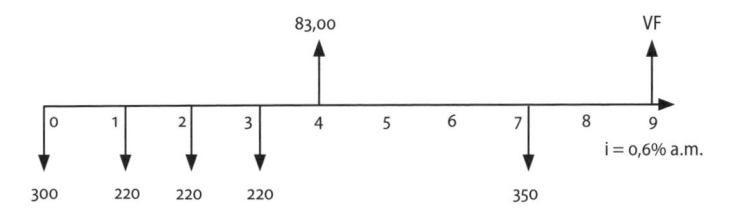

```
                    83,00                           VF
                      ↑                             ↑
 ┌──┬──┬──┬──┬──┬──┬──┬──┬──→
 0  1  2  3  4  5  6  7  8  9
 ↓  ↓  ↓  ↓              ↓       i = 0,6% a.m.
300 220 220 220         350
```

Substituindo os valores apresentados na Figura 2.6 na equação (6), temos o seguinte:

$VF1 = 300(1,006)^9 + 220(1,006)^8 + 220(1,006)^7 + 220(1,006)^6 + 220(1,006)^5 + 300(1,006)^2$

$VF1 = 316{,}59 + 230{,}78 + 229{,}40 + 228{,}03 + 85{,}52 + 354{,}21 = 1273{,}51$

Esse cálculo também pode ser facilmente resolvido com auxílio de uma calculadora financeira. Veja o roteiro a seguir:

300 [g] [CF₀] 220 [g] [CFj] 3 [g] [Nj] 83 [CHS] [g] [CFj] 0 [g] [CFj] 2 [g] [Nj] 350 [g] [CFj] 0,6 [i] [f] [NPV] = 1206,76 [CHS] [PV] 9 [n] [FV] = 1.273,51

Perceba que os valores são os mesmos que aqueles encontrados pela aplicação da equação (6).

Feitas as considerações sobre Fluxo de Caixa e determinação de VP e VF, podemos continuar o processo de avaliação de projeto de investimentos.

2.2 Investimento

Investimento é toda e qualquer ação que visa auferir determinada rentabilidade. Camargo (2007, p. 23) expõe que investimento consiste no "comprometimento atual do dinheiro ou de outros recursos" objetivando a obtenção de maiores benefícios.

Recomenda-se que, para iniciar o processo de elaboração e análise de projetos de investimentos de capital, devem ser seguidas as seguintes etapas:

1. Construção do Fluxo de Caixa pela estimativa de entradas e saídas de dinheiro.
2. Escolha da taxa de desconto mais adequada.
3. Cálculo da viabilidade econômico-financeira, por meio das técnicas de análise.
4. Decisão de aceitar ou rejeitar o projeto e a sua inclusão no orçamento de capital da empresa, caso seja aceito.

A construção do Fluxo de Caixa pela estimativa de entrada e saída de dinheiro já foi vista na Seção 2.1 deste capítulo. Agora, para darmos continuidade ao cálculo da viabilidade econômico-financeira, será necessário aprofundar o conceito de TMA. A inclusão do projeto no orçamento de capital da empresa, caso ele seja aceito, será abordada no Capítulo 3.

2.2.1 Decisão sobre projeto de investimentos

Quando temos várias alternativas de investimentos, é necessário compará-las e selecionar a mais conveniente. Costumamos ordená-las conforme a rentabilidade, em ordem decrescente, visto que os projetos de investimentos são comparados uns com os outros e somente os de maior retorno são selecionados para implantação. O processo de aceitação ou rejeição de um projeto se dá de forma isolada, ou seja, é comparado apenas com os parâmetros de atratividade desejados.

2.2.2 Taxa mínima de atratividade (TMA)

Após a seleção do projeto, comparamos os prováveis dividendos proporcionados pelo investimento a outros investimentos disponíveis. Ao analisar uma proposta de investimento, o projetista deve levar em consideração as perdas decorrentes da oportunidade de auferir retornos da aplicação do capital em outros projetos. A taxa de juros auferida no novo projeto deve ser no mínimo a taxa de juros equivalente à rentabilidade das aplicações correntes, seguras e de baixo risco[3]. Essa é, portanto, a taxa mínima de atratividade (TMA).

Depois de escolhida a TMA desejada, o empreendedor poderá avaliar a viabilidade econômico-financeira do projeto por meio da aplicação de técnicas de avaliação do investimento.

2.3 Técnica de avaliação de investimento

Financeiramente, qualquer investimento pode ser analisado em função do lucro ou do prejuízo econômico que produz, da taxa percentual de retorno que proporciona ou do tempo que leva para retornar o investimento inicialmente despendido. Na teoria econômico-financeira, existe uma diversidade de técnicas de análise de investimento, em que cada uma é responsável por informar o gestor sobre determinado aspecto do projeto.

2.3.1 Valor Presente Líquido (VPL) e Valor Presente Líquido anualizado (VPLa)

Unindo os conceitos de VP com o de TMA, é possível desenvolver outro, denominado **Valor Presente Líquido (VPL)**. Esse conceito é um dos mais utilizados na análise de investimentos. Sua aplicação consiste em concentrar na data zero o VP de todos os fluxos de caixa do investimento descontados pela TMA, evidenciando assim o lucro econômico do projeto. Nesse sentido, o VPL pode ser representado na seguinte forma:

> VPL = – investimento inicial + Σ (valor atual dos fluxos esperados de benefícios)

ou

[3] No caso do Brasil, a única aplicação de baixo risco segura é a caderneta de poupança. Obviamente, o empreendedor pode utilizar outra TMA que não a da poupança, o que varia com o grau de aversão ao risco. Por exemplo: se ele for do tipo que assume risco (agressivo), espera-se que a TMA seja maior.

$$(7) \quad VPL = -CF_0 + \Sigma \frac{CFj}{(1+i)^n}$$

Na equação (7), o **desembolso inicial (CF$_0$)** é acompanhado por um sinal negativo (–), pois representa uma saída de capital, além de estar isolado de CFj por não carregar taxa de juros, em virtude de estar no período zero. Por outro lado, a somatória representa **Fluxo de Caixa esperado como retorno do investimento (CFj)**, descontado período a período até o período zero na linha de tempo.

Dessa forma, o montante encontrado no cálculo do VPL indica o valor em reais ou os ganhos adicionais ao rendimento propiciado pela TMA.

> Caso o VPL encontrado esteja acompanhado por um sinal negativo, significa que o projeto deve ser rejeitado, pois não atinge sequer a TMA – o valor negativo representa o montante necessário para alcançar pelo menos a TMA desejada.

Portanto, para a tomada de decisão com base no VPL, o planejador deve considerar adotar o seguinte critério:

> **Para aceitar ou rejeitar:**
> VPL > 0 = projeto continua sendo analisado.
> VPL < 0 = projeto rejeitado.

Caso o planejador esteja comparando a viabilidade de mais de um projeto, a classificação obedece ao critério de, quanto maior o VPL, melhor. Para uma melhor compreensão da utilização dessa técnica, acompanhe o exemplo a seguir.

Exemplo 3 – Vamos supor que o gestor financeiro de uma empresa esteja analisando um investimento que requer desembolso inicial de R$ 30.000,00. Ele espera entradas de caixa de R$ 5.000,00 ao fim do primeiro ano, R$ 8.000,00 ao fim do segundo e do terceiro ano, R$ 10.000,00 ao fim do quarto ano, R$ 7.000,00 ao fim do quinto e R$ 6.000,00 ao fim do sexto ano. Consideremos ainda que ele teria a opção de aplicar os R$ 30.000,00 em outro investimento que lhe garantisse um retorno de 10% ao ano, portanto, a TMA do investimento analisado é de 10% a.a.

Para facilitar a compreensão, representamos esse investimento por meio da linha do tempo.

Figura 2.7 – Análise do VPL – Fluxo de caixa

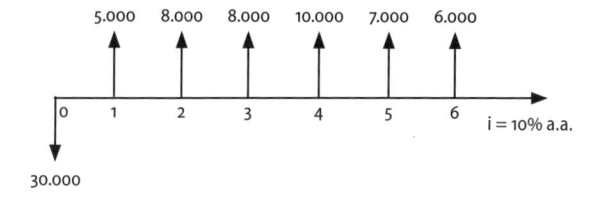

```
        5.000   8.000   8.000   10.000   7.000   6.000
          ↑      ↑       ↑       ↑        ↑       ↑
  |-------|------|-------|-------|--------|-------|------->
  0       1      2       3       4        5       6     i = 10% a.a.
  ↓
30.000
```

Substituindo os valores apresentados na Figura 2.7 na equação (7), temos o seguinte:

$$VPL = -30.000 + \frac{5.000}{(1+0,1)^1} + \frac{8.000}{(1+0,1)^2} + \frac{8.000}{(1+0,1)^3} + \frac{10.000}{(1+0,1)^4} + \frac{7.000}{(1+0,1)^5} + \frac{6.000}{(1+0,1)^6} = 1.730,97$$

Como vimos anteriormente, o valor positivo do VPL indica que o projeto de investimento pode continuar sendo avaliado. Caso o valor fosse negativo, o projeto deveria ser rejeitado.

Esse cálculo pode ser facilmente resolvido com auxílio de uma calculadora financeira. Observe:

30000 [CHS] [g] [CF0] 5000 [g] [CFj] 8000 [g] [CFj] 2 [g] [Nj] 10000 [g] [CFj] 7000 [g] [CFj] 6000 [g] [CFj] 10 [i] [f] [NPV] = 1.730,97

O projeto analisado apresenta um VPL de R$ 1.730,97, o que significa que, além de recuperar o investimento inicial de R$ 30.000,00, remunera o investimento em 10% e ainda gera R$ 1.730,97 a mais que a taxa requerida (TMA).

O VPL representa o valor monetário para toda a vida do projeto, isto é, o saldo final do projeto. Essa técnica não está preocupada em demonstrar os ganhos do projeto de investimento período a período. Para isso, utilizamos a técnica do **Valor Presente Líquido anualizado (VPLa)**.

A fim de facilitar a comparação com outros indicadores de lucro empresarial, o VPLa transforma o VPL pela contabilização por ano ou período. Assim, em vez de mostrar o lucro total obtido com o investimento na data zero, o VPLa indica o quanto se pode ganhar, em média, por períodos.

A técnica do VPLa utiliza fórmulas de juros compostos, com base nos conceitos de VP e VF e do valor de prestações ou pagamentos uniformes. Nesse sentido, algebricamente temos:

$$(8) \quad VPLa = VPL \cdot \frac{(1+i)^n \cdot i}{(1+i)^n - 1}$$

De forma semelhante ao VPL, o VPLa permite a tomada de decisão por meio das seguintes regras:

> **Para aceitar ou rejeitar projeto:**
>
> VPLa > 0 = projeto continua sendo analisado.
>
> VPLa < 0 = projeto rejeitado.
>
> **Para classificar o projeto**, quanto maior o VPLa, mais atrativo o projeto.

Exemplo 4 – Retomando os dados do exemplo 3, vamos supor que o investidor iniciou a análise do projeto de investimento, no qual aplicaria inicialmente a quantia de R$ 30.000,00, e teria seis entradas mensais de valores diferentes em seu Fluxo de Caixa. Por meio dos valores do Fluxo de Caixa, ele aplicou a técnica do VPL e descobriu que o investimento cobriria a TMA e ainda resultaria em um excedente no valor de R$ 1.730,97. Suponha agora que o empreendedor deseje saber, visto que os retornos são mensais e de valores não uniformes (diferentes), qual o valor médio mensal, considerando que as entradas do Fluxo de Caixa podem ser reaplicadas à taxa de 10% ao ano.

Para transformar o VPL em VPLa, a fim de uniformizar os valores das entradas e adicionar a estas os juros compostos, consideremos o VPL encontrado no exemplo 3 e substituímos os valores apresentados neste exemplo na equação (8). Temos, então, o seguinte:

$$VPLa = 1730,97 \frac{(1 + 0,10)^6 \cdot 0,10}{(1 + 0,10)^6 - 1} = 397,44$$

Esse resultado do VPLa indica que os valores uniformizados do investimento proposto resultariam para o empreendedor a quantia média mensal de R$ 397,44.

2.3.2 Taxa Interna de Retorno (TIR)

Como vimos anteriormente, se o VPL de determinado projeto de investimento for positivo, ele continua sendo analisado, visto que as estimativas do Fluxo de Caixa indicam que o investimento será recuperado, além de ser remunerado com TMA, gerando lucro extra igual ao VPL, na data zero.

A **Taxa Interna de Retorno (TIR)** é uma técnica de avaliação de projeto de investimento que corresponde à taxa de desconto que iguala o VP das entradas de caixa ao investimento inicial do projeto. A técnica consiste na identificação da taxa com base em dado fluxo do projeto. Como regra de aceitação, o projeto será aceito se a TIR encontrada for superior à TMA.

A determinação da TIR, via de regra, consiste em encontrar a raiz de uma equação de grau maior que dois. Por esse motivo, a determinação da TIR se torna muito trabalhosa e custosa. Na prática, esse cálculo ocorre por aproximações sucessivas, visto que estipula um intervalo de VPL negativo e outro positivo, fazendo sucessivas aproximações lineares, até que se obtenha a TIR aproximada.

Sabemos que os aumentos da TMA reduzem o VPL; com isso, se ocorrerem pequenos ajustes (aumentos) dessa taxa, chegará um momento em que o VPL será zero. Da mesma forma, é possível ajustar a TIR até chegar ao momento em que a soma da equação (9), a seguir, será zero – esse ponto representa a TIR do investimento.

A equação para o cálculo é a seguinte:

$$(9) \quad CF_0 \sum \frac{CF_n}{(1+TIR)^n} = 0$$

Em que,

TIR = Taxa Interna de Retorno

CF = Fluxo de Caixa

n = Período do movimento no Fluxo de Caixa

A análise da TIR permite a tomada de decisão por meio das seguintes regras:

TIR = TMA = o retorno do investimento é igual à TMA, logo, para o empresário é indiferente investir ou não.

TIR > TIR = projeto continua sendo analisado ou é aceito.

TIR < TMA = projeto rejeitado.

Para classificar o projeto, quanto maior a TIR, melhor.

Exemplo 5 – Considere os dados apresentados no exemplo 3. Sabemos que a TIR desse projeto é superior a 10%, pois, com a TMA nesse percentual, o VPL resultou em valor positivo (R$ 1.730,97). Você deve lembrar que a TIR é um percentual que zera o VPL, portanto, para prosseguir a análise, vamos supor uma TIR de 15% e refazer os cálculos.

Substituindo os valores do Fluxo de Caixa do exemplo 3 na equação (7), temos o seguinte:

$$TIR = -30.000 + \frac{5.000}{(1+0,15)^1} + \frac{8.000}{(1+0,15)^2} + \frac{8.000}{(1+0,15)^3} + \frac{10.000}{(1+0,15)^4} + \frac{7.000}{(1+0,15)^5} + \frac{6.000}{(1+0,15)^6} = -2.551,16$$

Para calcular manualmente a TIR, será necessário considerar os valores por aproximação. E, para isso, devemos encontrar um intervalo de VPL que seja negativo e outro, positivo.

O cálculo com a TIR em 15% apresentou um VPL negativo de R$ 2.551,16, portanto já definimos o intervalo positivo (dado anteriormente) e o negativo. Com os valores calculados para TIR em 10% e 15%, sabemos que a TIR correta está entre essa faixa de percentual, porém aproximando-se mais da taxa de 10%, visto que o valor desta é mais próximo de zero. Portanto, continuaremos a análise para TIR igual a 12%. O valor do VPL ainda é negativo, porém, em R$ 96,96, o que significa que a TIR é um valor bem próximo de 12%. Caso você deseje chegar mais próximo do valor exato, poderá repetir o cálculo até aproximar o VPL de zero. Observe a Tabela 2.1:

Tabela 2.1 – Cálculo da TIR para o projeto

TIR	VPL
10%	R$ 1.730,97
11%	R$ 796,32
12%	R$ 96,96

(continua)

(Tabela 2.1 - conclusão)

TIR	VPL
13%	– R$ 951,22
14%	– R$ 1.768,62
15%	– R$ 2.551,16

Com base nos dados encontrados, é possível identificar a viabilidade do projeto, pois a TMA exigida pelo empresário resulta em valor maior que 10%.

O comportamento do VPL construído com base nas taxas de juros, demonstrado na Tabela 2.1, é representado de forma mais clara no Gráfico 2.1.

Gráfico 2.1 – Análise da relação entre Taxa Interna de Retorno e Valor Presente Líquido

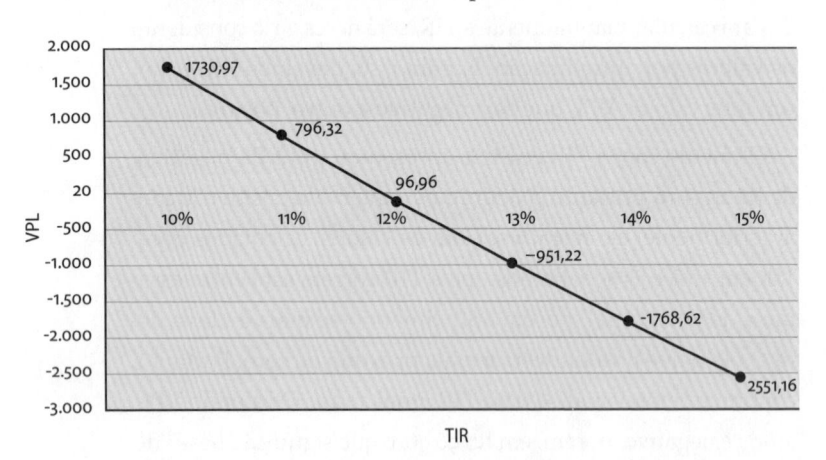

[Gráfico: eixo VPL de -3.000 a 2.000; pontos: 10% → 1730,97; 11% → 796,32; 12% → 96,96; 13% → -951,22; 14% → -1768,62; 15% → -2551,16; eixo horizontal: TIR]

Após demonstrar a técnica exaustiva de encontrar a TIR pelo método de aproximação (cálculo manual), apresentaremos agora a fórmula para encontrar a TIR com o auxílio de uma calculadora financeira.

Na Figura 2.8, percebemos, inicialmente, a saída de caixa para a efetivação do investimento e, na sequência, as entradas no Fluxo de Caixa, conforme demonstrado a seguir:

Figura 2.8 – Análise da Taxa Interna de Retorno – Fluxo de Caixa

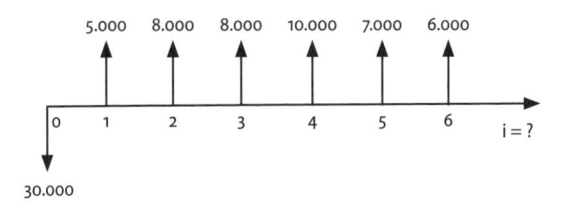

```
        5.000  8.000  8.000  10.000  7.000  6.000
          ↑      ↑      ↑      ↑      ↑      ↑
    ┌─────┼──────┼──────┼──────┼──────┼──────┼──────→
    │ 0   1      2      3      4      5      6    i = ?
    ↓
  30.000
```

30.000 [CHS] [g] [CF0] 5.000 [g] [CFj] 8.000 [g] [CFj] 8.000 [g] [CFj] 10.000 [g] [CFj] 7.000 [g] [CFj] 6.000 [g] [CFj] [f] [IRR] = 11,89%

Uma TIR maior que 11,89% indica que há mais ganhos investindo-se no projeto do que na TMA; portanto, quanto maior o seu resultado, melhor o retorno para a empresa. Caso o projeto apresente TIR menor que a TMA, é preferível aplicar nessa segunda alternativa e rejeitar o projeto analisado. Dito de outra forma, a TMA pode aumentar em até 11,89% quando para o investidor for indiferente investir em um ou em outro projeto cuja TIR seja de 11,89%.

> A TIR é a taxa que torna o VPL igual a zero. Em um mesmo Fluxo de Caixa, as taxas de desconto menores que a TIR produzem VPL positivo; já as maiores que a TIR tornam o VPL negativo.

2.3.2.1 Vantagens da Taxa Interna de Retorno (TIR)

A vantagem da TIR em relação ao VPL expressa os resultados em termos de taxas percentuais, cujos significados são mais facilmente assimilados do que o VPL expresso em termos monetários. Em relação à necessidade de comparação do resultado com a TMA, o cálculo da TIR não depende do conhecimento daquela, o que pode ser considerado como vantagem em certas situações.

2.3.3 Período de *Payback* simples (PPs)

O **Período de *Payback* simples (PPs)** é o tempo de retorno de um investimento, ou seja, o tempo que o investimento inicialmente despendido leva para ser recuperado. Esse cálculo pode ser feito pela análise de seus valores originais ao longo do tempo ou por seus valores descontados.

Para encontrar o *Payback*, é preciso somar os valores dos Fluxos de Caixa positivos até que estes atinjam o valor total dos fluxos negativos, resultando assim numa diferença nula. Quando a série for mista, com diferentes entradas ao longo do tempo, estas são somadas até se atingir o valor mais próximo do investimento inicial. Caso falte algum valor para recuperar o investimento feito, a fração do próximo período é encontrada ao se dividir o que falta de retorno pelo valor da próxima entrada. Veja a representação desse processo na equação (10):

$$(10) \quad \text{PPs séries mistas} = \text{n. de períodos inteiros} + \frac{\text{quanto falta para retornar o investimento}}{\text{valor da próxima entrada}}$$

Para fluxos de caixa constantes, o cálculo pode ser simplificado, visto que, para encontrar o PPs, basta dividir o valor do investimento inicial pelo valor da entrada. Nesse caso, a utilização de qualquer uma das duas fórmulas deve levar ao mesmo resultado.

$$(11) \quad \text{PPs anuidade} = \frac{\text{investimento inicial}}{\text{valor da entrada}}$$

Para aceitar ou rejeitar projeto,

Payback < tempo máximo aceitável = projeto continua sendo analisado

Payback > tempo máximo aceitável = projeto rejeitado

Para classificar o projeto, quanto menor o *Payback*, melhor.

Exemplo 6 – Suponha que um investidor está analisando o projeto de um investimento e que o tempo de recuperação do capital seja fator relevante na sua decisão. Portanto, o investidor quer saber em quanto tempo vai reaver o capital investido. Para essa análise, utilizaremos os mesmos dados do exemplo 3, porém o Fluxo de Caixa analisado será mensal.

Tabela 2.2 – Aplicação da técnica *Payback* série mista

Meses	Capitais (R$)	Saldo do projeto (R$)
0	(30.000,00)	(30.000,00)
1	5.000,00	(25.000)
2	8.000,00	(17.000)
3	8.000,00	(9.000)
4	10.000,00	1.000,00
5	7.000,00	8.000,00
6	6.000,00	14.000,00

Como você pode observar na Tabela 2.2, o *Payback* está entre três e quatro meses, o que significa que em quatro meses o investidor recuperará o capital aplicado.

Exemplo 7 – Suponha agora que um investidor está analisando o Fluxo de Caixa de um projeto de investimento e só aceitará fazer parte deste se o seu capital for recuperado em três anos.

Tabela 2.3 – Aplicação da técnica de *Payback* série mista

Ano	Capitais (R$)	Saldo do projeto (R$)
0	(15.000,00)	(15.000,00)
1	2.500,00	(12.500,00)
2	3.500,00	(9.000,00)
3	4.250,00	(4.750,00)
4	5.000,00	250,00
5	5.800,00	6.050,00

$$PB = 3 + \frac{250}{5000} = 3 + 0{,}05 = 3{,}05 \text{ anos ou 3 anos e 15 dias}$$

Observe que o projeto analisado neste exemplo tem a possibilidade de ser rejeitado, pois o tempo de retorno do capital investido será de três anos e quinze dias. Portanto, o período de recuperação do capital é maior do que a expectativa do investidor.

2.3.4 Período de *Payback* descontado (PPd)

O **Período de *Payback* descontado (PPd)** refere-se ao número de períodos necessários para que se recupere o investimento inicial, sendo que os fluxos são descontados pela TMA. Assim, o *Payback* só é atingido quando o VP dos fluxos positivos se igualarem ao VP dos fluxos negativos. Isso elimina a desvantagem do método anterior (PPs) de não considerar o valor do dinheiro no tempo (custo de oportunidade).

Primeiramente, o PPd é encontrado calculando-se o VP dos fluxos de caixa, conforme a equação (5).

Exemplo 8 – Retomando os dados do exemplo 3, suponha que o empresário queira saber o período necessário para recuperação do investimento inicial, descontado pela TMA. Para facilitar a análise, reconstruiremos o Fluxo de Caixa (Figura 2.8). Considerando a mesma taxa de desconto de 10%, é possível verificar em quantos meses o capital investido será recuperado.

Figura 2.9 – PPd – Fluxo de Caixa série mista

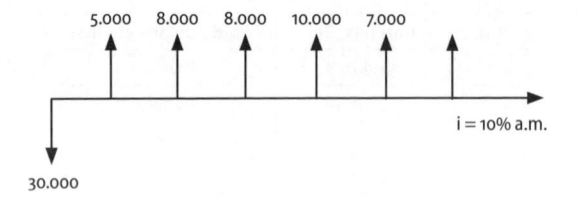

```
        5.000   8.000   8.000   10.000   7.000
          ↑       ↑       ↑       ↑        ↑
          |       |       |       |        |
    ──────┴───────┴───────┴───────┴────────┴──────→
    |                                    i = 10% a.m.
    ↓
  30.000
```

Com base na equação (5), calculamos o VP (Tabela 2.4) e acumulamos os retornos mensais até recuperar o capital investido, descontando a TMA.

Tabela 2.4 – Valor Presente acumulado

VP dos fluxos mensais (R$)	Retorno acumulado (R$)
$VP_1 = \dfrac{5.000}{(1,10)^1} = 4.545,45$	4.545,45
$VP_2 = \dfrac{8.000}{(1,10)^2} = 6.611,57$	4.545,45 + 6.611,57 = 11.157,02
$VP_3 = \dfrac{8.000}{(1,10)^3} = 6.010,51$	11.157,02 + 6.010,51 = 17.167,53
$VP_4 = \dfrac{10.000}{(1,10)^4} = 6.830,13$	17.167,53 + 6.830,13 = 23.997,66
$VP_5 = \dfrac{7.000}{(1,10)^5} = 4.346,44$	23.997,66 + 4.346,44 = 28.344,10
$VP_6 = \dfrac{6.000}{(1,10)^6} = 3.386,84$	28.344,10 + 3.386,84 = 31.730,94

A análise do PPd nesse projeto permite concluir que o investimento é recuperado depois do quinto mês. Utilizando a equação apresentada no PPs, chegamos ao período exato de

$$PPd = 5 + \frac{1.655,90}{3.386,84} = 5 \text{ meses e } 15 \text{ dias}$$

Por meio das análises de *Payback* realizadas, é possível concluir que o projeto se mostra arriscado, visto que recupera o investimento inicial somente ao final de seu horizonte de planejamento. Quanto mais distante do início se projetam os fluxos, maior é a sua exposição a fatores externos que podem fazer os resultados variarem.

> Apesar da relevância dos métodos de avaliação de rentabilidade na decisão de investimentos, eles normalmente são negligenciados por boa parte das pequenas e médias empresas, o que se deve à ausência desses métodos nos currículos dos cursos superiores. Aliado a isso, há o fato de a grande maioria dos gestores das empresas de pequeno e médio portes os desconhecerem ou então abusarem da intuição e da experiência nas tomadas de decisão.

Síntese

Como você pôde observar neste capítulo, ao analisar um projeto de investimento, o uso das técnicas apresentadas (Valor Presente Líquido, Fluxo de Caixa, *Payback* etc.) é altamente recomendado, visto que elas consideram o custo de oportunidade do dinheiro ao longo do tempo, descontado pela TMA. Recomendamos também a aplicação conjunta das técnicas discutidas; dessa forma, o projeto poderá ser visualizado sob três perspectivas, pois elas mostram: 1) o período necessário para que o investidor recupere o capital investido; 2) a taxa de remuneração do investimento; e 3) o montante monetário que o investidor terá ao final do projeto.

Obviamente, as técnicas de análise de investimento não se resumem às apresentadas neste capítulo. No entanto, abordamos as mais utilizadas na decisão de projetos empresariais.

Questões para revisão

1. Explique e exemplifique *custo de oportunidade*.

2. Explique o que você entende por *investimento* e qual é a sua relação com os desembolsos de caixa da organização.

3. Suponha que lhe solicitaram a análise da viabilidade de um investimento em que o empresário poderia utilizar o

recurso a ser investido na aquisição de títulos do Tesouro Nacional com rentabilidade anual de 8,5%.

I. Após aplicar a técnica da TIR, você descobre um retorno de 8,7%, portanto o empresário deveria rejeitar o projeto.

II. A TIR calculada foi 8,7%, ou seja, o mesmo valor da TMA.

III. Para o empresário aceitar investir nesse novo projeto, a rentabilidade deveria ser no mínimo igual à TMA.

IV. A taxa de reversão de investimento no projeto é de 8,4%.

É correto afirmar que:
a) apenas as afirmativas I e II estão corretas.
b) apenas as afirmativas II e IV estão corretas.
c) todas as afirmativas estão corretas.
d) nenhuma das alternativas anteriores está correta.

4. Para tomada de decisão com base no Valor Presente Líquido (VPL), julgue as afirmativas:

I. VPL maior que zero significa que o projeto continua sendo analisado.

II. VPL menor que zero significa que o projeto é rejeitado.

III. VPL maior que zero significa que o projeto é rejeitado.

IV. VPL menor que zero significa que o projeto continha sendo analisado.

É correto afirmar que:
a) apenas a afirmativa I está correta.
b) apenas a afirmativa III está correta.
c) apenas as afirmativas I e II estão corretas.
d) apenas as afirmativas III e IV estão corretas.

5. Em relação ao *Payback*, assinale (V) para as proposições verdadeiras e (F) para as falsas.

( ) Representa a taxa de retorno do projeto de investimento.

( ) Indica o tempo máximo de retorno do investimento.

( ) Se o ciclo do projeto for de 8 anos e o *Payback* encontrado for de 7 anos, seguramente o projeto é um bom investimento, pois recupera o capital dentro do ciclo do projeto.

( ) Para classificar os projetos, quanto menor o período do *Payback*, melhor.

A sequência correta é:
a) V, V, F, V
b) V, F, F, V
c) F, V, F, V
d) V, F, V, F

Questão para a reflexão

Quais as principais técnicas utilizadas na análise de viabilidade econômica de investimentos?

Saiba mais

Indicamos os seguintes textos complementares a fim de aprimorar seus estudos. Com isso, você terá mais conhecimento sobre análise de investimento, além de uma noção acerca das ferramentas de gestão de projetos.

BODIE, Z.; KANE, A.; MARCUS, A. J. **Fundamentos de investimentos**. Porto Alegre: Bookman, 2000.

KASSAI, J. R. et al. **Retorno de investimento**: abordagens matemática e contábil do lucro empresarial. 3. ed. rev. e ampl. São Paulo: Atlas, 2005.

KERZNER, A. **Gestão de projetos**: as melhores práticas. 2. ed. Porto Alegre: Bookman, 2006.

MEREDITH, J. R.; MENTEL JUNIOR, S. J. **Project Management**: a Managerial Approach. 7. ed. New York: John Wiley & Sons, 2009.

Orçamento empresarial[1]

[1] Alguns trechos deste capítulo foram extraídos e adaptados de Corbari e Macedo (2012).

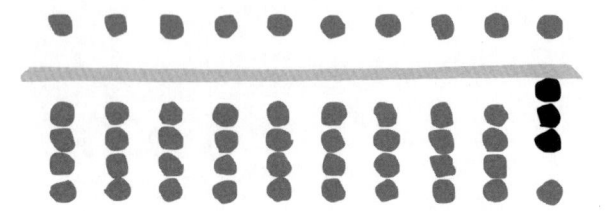

Conteúdos do capítulo:

- Conceito de *orçamento empresarial*.
- Objetivos do orçamento empresarial.
- Etapas do processo orçamentário.

Após o estudo deste capítulo, você será capaz de:

1. compreender o papel do orçamento empresarial;
2. conhecer quais são os objetivos do orçamento empresarial e sua importância para a gestão estratégica das empresas;
3. entender as etapas que compõem o orçamento, em especial a etapa financeira.

***O*rçamento empresarial** é um instrumento de programação que relaciona os fluxos de ingressos dos recursos à sua aplicação nas atividades organizacionais, a fim de estabelecer um plano de ação futuro, orçando as receitas que serão obtidas e as despesas que incidirão na sua execução.

Neste capítulo, você aprofundará seus conhecimentos acerca do conceito de orçamento e compreenderá seus objetivos, além de compreender como ele é estruturado.

3.1 Orçamento empresarial

Embora o conceito de *orçamento* seja com frequência associado a empresas, ele pode ser perfeitamente aplicado a sua vida pessoal. Você provavelmente tem metas e, para atingi-las, é necessário planejar as despesas futuras, considerando uma receita que irá obter. Quando você coloca no papel a estimativa de receitas e despesas com aluguel, alimentação, transporte, cursos, roupas, viagens, entretenimentos, entre outras, a fim de orientar suas ações ao longo do ano, você está realizando um **plano orçamentário**.

Da mesma forma, as empresas, ao estabelecerem os produtos que serão fabricados no próximo ano, o nível de produção e venda, os preços que irão praticar no mercado, bem como os gastos necessários para viabilizar o empreendimento, estão estabelecendo planos e, consequentemente, um orçamento.

Nessa perspectiva, Warren, Reeve e Fess (2008) expõem que um orçamento traça um curso para uma empresa, delineando seus planos, em termos financeiros. Para Sousa Junior et al. (2006), **orçamento empresarial** é o processo pelo qual, por meio da estimação de receitas e despesas, as empresas viabilizam as decisões e estratégias advindas do planejamento.

Padoveze (2012) complementa ao afirmar que o orçamento deve agregar um conjunto de objetivos empresariais, a fim de mapear o plano de controle de resultados. Para Atkinson et al. (2000), o orçamento da organização é construído considerando as metas de cada subunidade, os recursos financeiros necessários para o desenvolvimento das atividades de cada área e o cumprimento dos objetivos de curto prazo.

Em síntese, o que é um orçamento?

É uma extensão do planejamento, pois, enquanto este explica a natureza das ações e seus objetivos, o orçamento os traduz em metas e esforço financeiros, ou seja, em valores monetários. Geralmente, o orçamento é um plano financeiro elaborado para auxiliar determinado exercício financeiro, podendo ser consultado mensalmente para fins de acompanhamento e controle.

3.2 Objetivo do orçamento

O orçamento empresarial permite que a empresa visualize antecipadamente as atividades que deverão ser desenvolvidas e os recursos envolvidos; porém o objetivo não é só prever o que vai ocorrer no futuro, mas também, conforme aponta Padoveze (2012), estabelecer e coordenar os objetivos de todas as áreas da empresa a fim de que trabalhem sinergicamente em busca dos objetivos gerais da organização.

De acordo com Warren, Reeve e Fess (2008), além dos aspectos financeiros, o orçamento envolve:

- o estabelecimento de metas específicas;
- a execução de planos para atingir suas metas; e
- a comparação periódica dos resultados efetivos com as metas (sendo consideradas todas as metas da empresa, incluindo as específicas de cada unidade).

Cada uma dessas ações está relacionada a um ciclo de gestão, o qual, conforme Bio (2008), contém as seguintes fases: **planejamento, direção** e **controle**.

Figura 3.1 – Ciclo de gestão

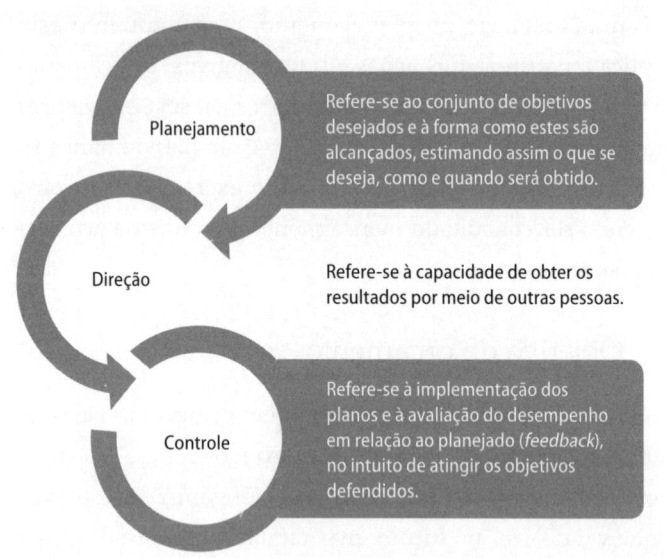

Planejamento: Refere-se ao conjunto de objetivos desejados e à forma como estes são alcançados, estimando assim o que se deseja, como e quando será obtido.

Direção: Refere-se à capacidade de obter os resultados por meio de outras pessoas.

Controle: Refere-se à implementação dos planos e à avaliação do desempenho em relação ao planejado (*feedback*), no intuito de atingir os objetivos defendidos.

Fonte: Adaptado de Bio, 2008, p.39.

De acordo com Warren, Reeve e Fess (2008), faz parte da função de planejamento estabelecer metas específicas para futuras operações; já as ações executadas para atingi-las fazem parte da função administrativa de direção. Por sua vez, a função administrativa de controle visa comparar, periodicamente, os resultados reais com as metas estimadas, tomando medidas apropriadas quando necessário.

A seguir, abordaremos um pouco mais cada uma dessas fases.

3.2.1 Planejamento

Planejar é estabelecer metas necessárias para orientar ações individuais ou coletivas. As metas para um atleta, por exemplo, servem para orientar suas ações necessárias (treinamento, alimentação, descanso) a fim de atingir seu objetivo (ganhar a competição).

No ambiente corporativo, o **planejamento** é a fase de projeção de cenários futuros, a qual objetiva orientar a empresa na busca do cumprimento de suas metas. Ao planejar, o empresário poderá antever determinadas situações de modo a permitir o estabelecimento de ações a serem realizadas e os recursos (físicos, financeiros, tecnológicos e humanos) que serão alocados para a execução das tarefas.

A Figura 3.2, a seguir, apresenta a fase de planejamento considerando dois cenários: o atual e o futuro. Para alcançar o cenário futuro, é preciso estabelecer estratégias, considerando os recursos disponíveis, os riscos e as contingências e as oportunidades.

Figura 3.2 – Fase de planejamento

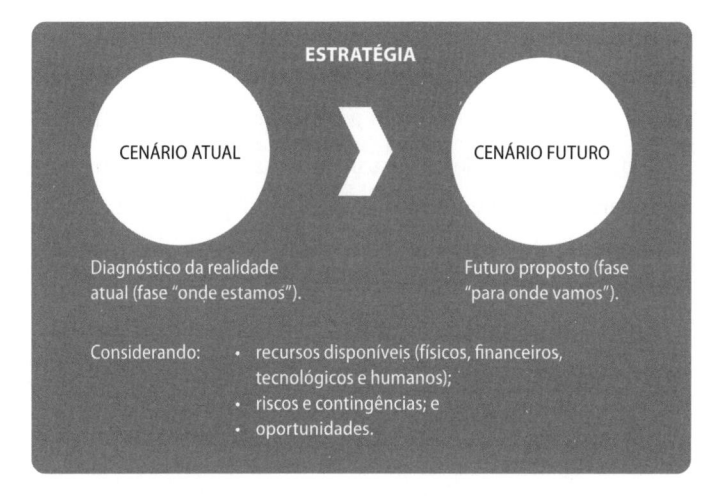

ESTRATÉGIA

CENÁRIO ATUAL ❯ CENÁRIO FUTURO

Diagnóstico da realidade atual (fase "onde estamos").

Futuro proposto (fase "para onde vamos").

Considerando:
- recursos disponíveis (físicos, financeiros, tecnológicos e humanos);
- riscos e contingências; e
- oportunidades.

Como você pode observar, o planejamento constitui-se na definição da estratégia que funciona como uma ponte entre os estágios "onde estamos" e "para onde vamos", envolvendo os objetivos da organização, a previsão dos resultados desejados e a decisão de como alcançá-los.

> O planejamento é considerado umas das fases da orçamentação, a qual considera também a expressão quantitativa dos gastos e dos recursos disponíveis.

Horngren, Sundem e Stratton (2004) afirmam que o orçamento se constitui em uma ferramenta do planejamento, pois representa a expressão quantitativa de um plano de ação proposto por um período específico e, ainda, um auxílio na coordenação do que precisa ser feito para implementar o plano.

Hansen e Mowen (2001) expõem que o orçamento, quando usado para o planejamento, é um método que traduz as metas e as estratégias da organização em termos operacionais. Argumentam ainda que, além disso, esse processo engloba os aspectos financeiros e não financeiros do plano.

Tendo em vista que, na fase do planejamento, todos os pontos de vista são considerados – as opções identificadas e as possibilidades de redução de custos analisadas –, é nessa etapa que oportunidades e ameaças até então desconhecidas são reveladas, facilitando assim o gerenciamento da organização.

O planejamento deve ser um processo dinâmico que interage permanentemente com o controle, objetivando permitir o cumprimento das metas planejadas. Não há planejamento eficaz sem controle, assim como não há controle eficaz sem que haja um bom planejamento. Entre essas duas etapas há a fase da direção.

3.2.2 Direção

A **direção** tem papel fundamental no cumprimento das metas estabelecidas no planejamento, sendo que está sob ela a liderança dos envolvidos nos processos operacionais da companhia. De acordo com Warren, Reeve e Fess (2008), os planos orçamentários definidos na etapa anterior serão utilizados para dirigir e coordenar as operações da empresa, visando atingir as metas estabelecidas.

Nesse contexto, Hope e Fraser (2001) aprofundaram estudos sobre a metodologia orçamentária, focando principalmente nos princípios e nas características da abordagem orçamentária.

Na pesquisa, eles verificaram que o cumprimento das metas preestabelecidas que compõem os processos operacionais das empresas tem relação direta com o comportamento dos indivíduos.

Hope e Fraser (2001) destacam que, quando as metas estabelecidas no planejamento estratégico e no desenvolvimento do orçamento são atingidas, os indivíduos envolvidos no processo devem ser gratificados, a fim de que a motivação agregue características positivas à cultura organizacional.

3.2.3 Controle

O desempenho efetivo das operações pode ser comparado com as metas planejadas, permitindo assim a observação do *feedback* sobre seu desempenho, com o intuito de possibilitar ajustes para atividades futuras.

O **controle** tem a função de medir e avaliar o desempenho e os resultados das ações, a fim de evidenciar os desvios em relação ao planejado e suas causas, permitindo que ações corretivas sejam implementadas, não só para corrigir falhas, mas também para reorientar a execução dos planos.

Mosimann e Fisch (1999) afirmam que a fase do controle, baseada no sistema de informação, avalia a eficácia empresarial. É por meio dessa verificação que surgem as ações que visam corrigir as possíveis distorções. Hansen e Mowen (2001) corroboram expondo que nessa etapa são estabelecidos padrões, considerados os *feedbacks* sobre o desempenho e executadas as reparações necessárias quando ocorrem desvios do planejamento.

> O controle, etapa concomitante à execução e interligada ao planejamento, visa assegurar que os resultados planejados sejam efetivamente alcançados, apoiando-se nas avaliações de resultado e desempenho.

3.3 Etapas do processo orçamentário

O orçamento surge como sequência à montagem do plano estratégico, permitindo focar e identificar, num horizonte menor (geralmente em um exercício fiscal), as suas ações mais importantes, conforme exposto por Frezatti (2009).

De acordo com o autor, o orçamento de uma empresa industrial deve ser elaborado levando-se em conta as etapas ilustradas na Figura 3.3.

Figura 3.3 – Planos contidos no orçamento e sua sequência

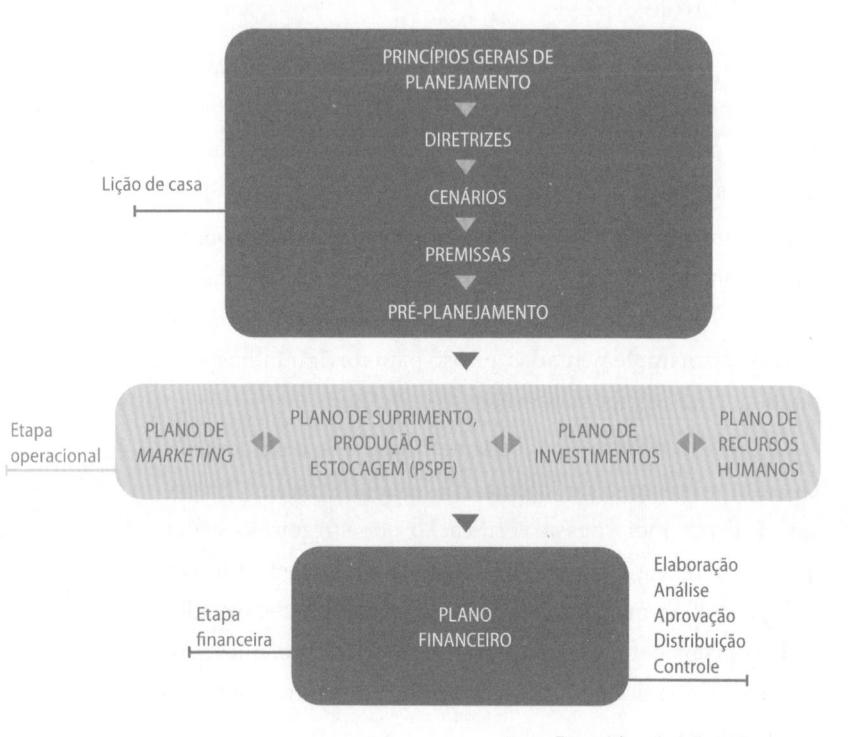

Lição de casa
- PRINCÍPIOS GERAIS DE PLANEJAMENTO
- DIRETRIZES
- CENÁRIOS
- PREMISSAS
- PRÉ-PLANEJAMENTO

Etapa operacional
- PLANO DE MARKETING
- PLANO DE SUPRIMENTO, PRODUÇÃO E ESTOCAGEM (PSPE)
- PLANO DE INVESTIMENTOS
- PLANO DE RECURSOS HUMANOS

Etapa financeira
- PLANO FINANCEIRO
- Elaboração
- Análise
- Aprovação
- Distribuição
- Controle

Fonte: Adaptado de Frezatti, 2009, p. 48.

A seguir, abordamos as principais etapas apresentadas pelo autor:

1. **Princípios gerais de planejamento** – Etapa que precede o orçamento e engloba as diretrizes do planejamento estratégico;

os cenários econômicos, políticos e mercadológicos; as premissas operacionais relacionadas às atividades, como consumo de materiais e mão de obra, hierarquia do produto, estrutura organizacional e centros de custos; e o pré-planejamento, que consiste na antecipação das principais tendências esperadas pela alta administração.

2. **Plano de *marketing*** – Considera o plano de vendas, a quantidade a ser vendida, o posicionamento no mercado, os preços a serem praticados e outras estratégias de vendas que permitam que a organização estabeleça o faturamento previsto.

3. **Plano de suprimento, produção e estocagem (PSPE)** – Objetiva estabelecer o custo de produção de acordo com o processo produtivo, os suprimentos necessários e os níveis de estocagem, incluindo a logística necessária.

4. **Plano de investimentos no ativo permanente** – Também conhecido como *orçamento de capital*, consiste nas decisões de investimentos em infraestrutura e na capacidade produtiva necessária para atender às metas propostas no planejamento estratégico.

5. **Plano de recursos humanos** – Considera a estrutura organizacional necessária para atender às metas previstas no planejamento estratégico, identificando as demandas de recursos humanos, os treinamentos realizados e a evolução de gastos com salários e encargos por área.

6. **Plano financeiro** – Consiste nos cálculos de custos e despesas a serem feitos para produzir, vender e administrar o negócio. Por meio das receitas de custo e despesas obtidas no plano de *marketing*, aliadas aos investimentos em ativos fixos, são elaborados o Balanço Patrimonial e a Demonstração do Fluxo de Caixa projetados.

Considerando o modelo indicado na figura anterior, observamos que o **sistema orçamentário** pode ser entendido como o conjunto de vários orçamentos parciais interligados, o qual, segundo Moreira (2002), utiliza técnicas e procedimentos contábeis aplicados antecipadamente aos fatos decorrentes de planos e políticas projetadas. Assim, ao final do processo orçamentário, obtém-se os demonstrativos financeiros preparados com base nas expectativas registradas no orçamento, como pode ser observado na Figura 3.4 a seguir:

Figura 3.4 – Fluxograma do processo orçamentário

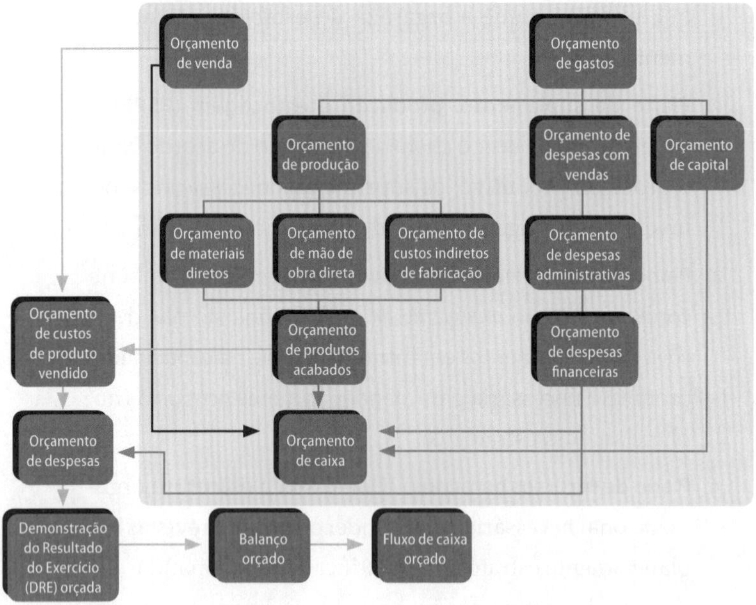

O orçamento, por ser um plano projetado para o futuro, é realizado em ano anterior com base nos planos desenvolvidos detalhadamente por cada unidade. Esse processo se inicia com a composição do **orçamento de vendas** que inclui as expectativas das quantidades vendidas e dos preços, seguido pelo **orçamento de produção** – incluindo custos com materiais diretos, mão de obra direta e custos indiretos – e pelo **orçamento de despesas com vendas**, com a administração do negócio e os financiamentos necessários para as operações. O resultado dessa composição, adicionado ao **orçamento de capital**, permite definir o **orçamento de caixa**.

Com isso, é possível projetar o resultado anual com base na emissão dos seguintes relatórios financeiros: Demonstração do Resultado do Exercício (DRE), Balanço Patrimonial (BP) e Demonstração do Fluxo de Caixa (DFC), que serão abordados no Capítulo 5.

3.4 Etapa financeira

A **etapa financeira** decorre de todos os outros planos e depende deles para poder ser elaborada. Tem por finalidade transformar em linguagem monetária as decisões de implementação de todo o processo do orçamento.

Como você pode observar, não podemos resumir o orçamento a essa etapa, considerando-o como apenas a estimação das receitas e dos gastos da empresa. O processo de orçamentação vai além; é preciso definir metas e prioridades do caminho a ser percorrido. A etapa financeira é apenas uma consequência de todo esse processo.

Para permitir a construção desta etapa, o desenvolvimento da fase operacional do orçamento exige que as decisões sejam transformadas em consequências monetárias, significando, por exemplo, que o plano de vendas especifique por produto a pretensão da quantidade a ser vendida, o preço unitário a ser praticado, bem como o seu período no mercado.

Nesse contexto, é necessária a compreensão de alguns conceitos, a fim de permitir a mensuração financeira dos planos estabelecidos para cada área, permitindo que os seguintes demonstrativos sejam elaborados: a) conceito de preço; b) conceito de *gastos*, investimentos, custos, despesas e perdas;

c) métodos de custeios; d) demonstrativos contábeis projetados que proporcionem condições de consolidação das decisões; e e) indicadores financeiros que permitam a análise de vários fatores dos resultados projetados.

A seguir, abordaremos cada um desses aspectos.

3.4.1 Preço de venda

O **preço** é um grande determinante da sustentabilidade financeira da empresa, sendo responsável pelo ingresso de recursos para fazer frente a todos os desembolsos realizados, seja para cobrir os gastos com produção e venda, seja para os gastos administrativos e financiamentos.

Preço consiste no valor monetário negociado em troca de determinado bem ou serviço. No entanto, não podemos confundir *preço* com *valor*. Para Dubois, Kulpa e Souza (2009), **valor** é um conceito subjetivo que o cliente atribui ao produto em virtude do seu grau de utilidade.

Em geral, a precificação acompanha o grau de utilidade atribuído pelo cliente, com base no quanto o produto vale para ele. Assim, **o preço é a expressão quantitativa de valoração do produto**.

Nesse sentido, Padoveze (2009, p. 394) afirma que a "fixação de preços pelo valor percebido é um conceito de preços orientados pelo mercado, uma vez que a fonte básica de referência é identificar, antecipadamente, o grau de utilidade ou [o] valor que um produto ou serviço traz à mente do consumidor".

> A definição do preço de venda de um produto não deve levar em consideração apenas os custos de produção, mas também o valor econômico percebido pelo cliente e os aspectos mercadológicos como a demanda do produto e sua concorrência.

Padoveze (2012) expõe que o preço de venda pode ter três orientações, as quais são ilustradas na Figura 3.5 a seguir.

Figura 3.5 – Decisão de preços

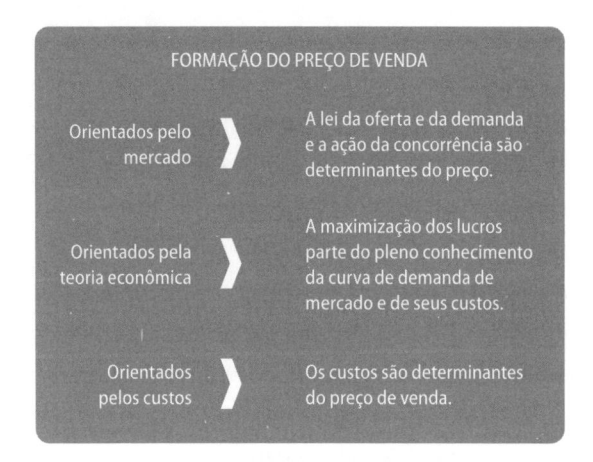

FORMAÇÃO DO PREÇO DE VENDA	
Orientados pelo mercado	A lei da oferta e da demanda e a ação da concorrência são determinantes do preço.
Orientados pela teoria econômica	A maximização dos lucros parte do pleno conhecimento da curva de demanda de mercado e de seus custos.
Orientados pelos custos	Os custos são determinantes do preço de venda.

Fonte: Adaptado de Padoveze, 2012, p. 400-405.

A sobrevivência das empresas depende de diversos aspectos e, dentre os fatores preponderantes, temos o **preço de venda**. Para Wernke (2004), na precificação, os empresários buscam:

- maximizar os lucros;
- alcançar as metas de vendas;
- otimizar o capital investido na empresa; e
- proporcionar a utilização eficaz da capacidade de produção instalada.

Segundo Crepaldi (2011), na prática a precificação é uma tarefa complexa, pois, se errar para mais, o empresário perde o negócio, e, se errar para menos, este é inviabilizado. Ao definir o preço de venda, diversos fatores devem ser avaliados, como demanda pelo produto, existência de concorrentes e de produtos substitutos no mercado, carga tributária, forma de pagamento oferecida, negociações entre indústria e fornecedores e custos de fabricação.

Considerando que o empresário deseja recuperar todos os gastos incorridos no processo produtivo e ainda obter uma margem de lucratividade, **os custos desempenham papel fundamental na precificação de determinado produto ou serviço**.

3.4.2 Classificação dos gastos

Os gastos de uma empresa estão vinculados a três áreas distintas: **produção, administração** e **vendas**. Os gastos vinculados à produção são denominados *custos*; já os gastos com a administração do negócio e com as vendas são classificados como *despesas*. Para não haver confusão sobre os termos, apresentaremos esses conceitos de forma mais detalhada.

O conceito de *gasto*, em seu sentido amplo, aplica-se a todas as saídas monetárias ocorridas na empresa, inclusive as de longo prazo. Então, um gasto pode ocorrer tanto para a aquisição de determinado bem ou serviço de consumo imediato quanto para a aquisição de um bem durável.

Os **bens e serviços de consumo imediato** são consumidos em um único processo produtivo. Já os **bens duráveis** referem-se aos investimentos feitos em bens imobilizados ou materiais que serão utilizados em vários processos produtivos.

Dubois, Kulpa e Souza (2009) descrevem que todo o **desembolso** está vinculado a uma aquisição de bem ou serviço inerente ao funcionamento da empresa. Nesse sentido, desembolso representa a retirada de dinheiro da empresa para pagamento de um gasto qualquer.

O gasto poder estar classificado em: investimento, custo, despesa, perda e desperdício.

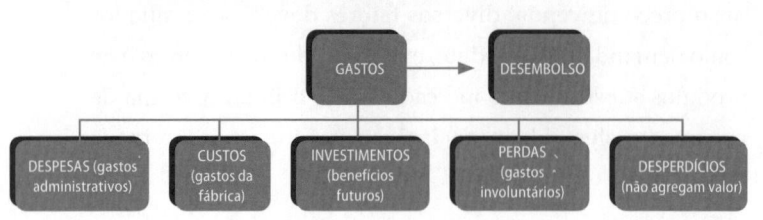

Figura 3.6 – Classificação dos gastos

Os conceitos indicados na Figura 3.6 serão explorados a seguir.

Despesas – São todos os bens consumidos ou serviços aplicados nas atividades administrativas, financeiras e comerciais da empresa. O gasto com telefonia, salários dos setores administrativos e financeiros, despesas bancárias e fretes sobre a venda são exemplos de despesas administrativas.

> Não podemos confundir *despesas* com *custos*. As despesas são gastos que incorrem na obtenção de receitas (venda) e na manutenção das atividades de gestão da empresa. Os custos, por sua vez, são gastos que incorrem no processo produtivo.

Figura 3.7 – Separação em custos e despesas

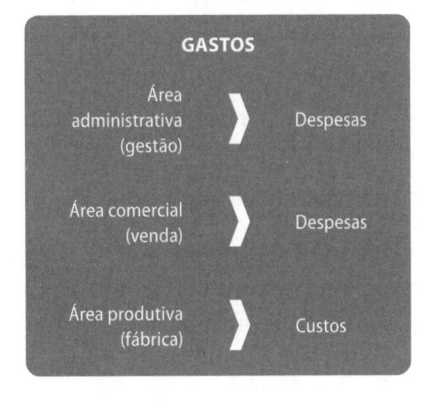

GASTOS	
Área administrativa (gestão)	Despesas
Área comercial (venda)	Despesas
Área produtiva (fábrica)	Custos

Como você pode observar na Figura 3.7, as despesas estão associadas a gastos administrativos ou a vendas e incidência de juros (despesas financeiras) e não possuem natureza fabril.

Custos – São gastos que incorrem desde a fabricação do produto até o momento em que ele estiver pronto para venda. A partir disso, os gastos com a sua disponibilização são classificados como despesas.

Caracterizam-se como *custo de produção* os gastos que incorrem no setor de produção (matéria-prima, energia elétrica, depreciação e gastos com pessoal).

Investimentos – São os gastos realizados com aquisição de bens que irão beneficiar a empresa em períodos futuros. Caracterizam-se como investimentos a estrutura física necessária parar operar a empresa (equipamentos, maquinários, prédios) e a aquisição de matéria-prima.

Os bens fixos ou de consumo lançados no ativo podem ser utilizados na gestão da empresa (atividades administrativas), nas áreas de vendas ou de produção. À medida que os investimentos forem sendo aplicados ou utilizados nas atividades empresariais, o seu uso é lançado aos custos ou às despesas.

A matéria-prima, lançada em estoques no ativo, conforme utilizada no processo produtivo, deixa de ser investimento e transforma-se em custo de produção. Os investimentos fixos em bens de capital, ao sofrerem desgastes pela utilização ou pela obsolescência, transformam-se em *custos* se estiverem relacionados ao processo produtivo e em *despesas* se estiverem relacionados aos departamentos de apoio.

De acordo com Corbari e Macedo (2012, p. 20), "os investimentos [...] deverão ser lançados contra custos ou despesas no momento em que forem efetivamente utilizados na produção ou na área de gestão". Assim, um bem com vida útil de cinco anos, por exemplo, a cada ano de utilização terá um desgaste proporcional a sua vida, perdendo a sua potencialidade de produção e sua funcionalidade em 1/5. Após dois anos, o equipamento terá sofrido desgaste de 2/5 de sua vida útil, conforme apresentado na Figura 3.8 a seguir:

Figura 3.8 – Identificação dos gastos com depreciação

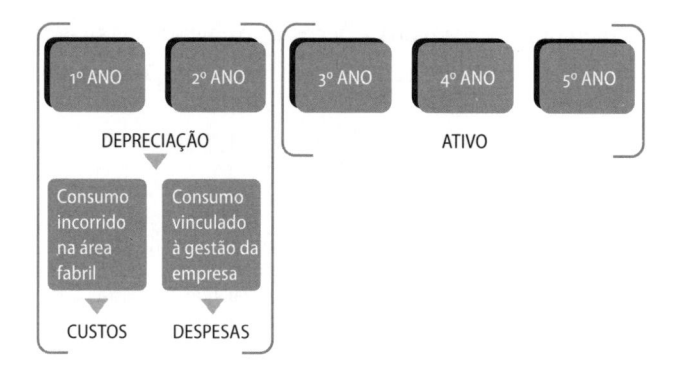

| 1º ANO | 2º ANO | | 3º ANO | 4º ANO | 5º ANO |

DEPRECIAÇÃO — ATIVO

- Consumo incorrido na área fabril → CUSTOS
- Consumo vinculado à gestão da empresa → DESPESAS

Retomando o exemplo ilustrado na figura anterior: se a vida útil do bem é de cinco anos, no primeiro ano de uso ocorreu um desgaste proporcional a 1/5 de sua capacidade produtiva. No segundo período, o equipamento terá perdido mais 1/5. Acumuladamente, ao final do segundo período, já foram consumidos 2/5 da vida útil do bem, ou seja, de sua capacidade de produzir. Esse consumo deverá ser lançado aos custos ou às despesas a título de depreciação.

Essa depreciação poderá ser lançada como *custos* ou *despesas*. Caso o ativo fixo seja utilizado nas atividades administrativas ou comerciais, a depreciação será lançada como *despesa do período*. Porém, caso o ativo fixo seja utilizado na produção, a depreciação será lançada como *custo de produção* (Corbari; Macedo, 2012).

Perdas – São gastos anormais ocorridos de forma involuntária, como os produtos perdidos em incêndios, inundações e roubos. As perdas têm como característica a sua excepcionalidade, visto que fogem à normalidade das operações da empresa.

Desperdícios – Decorrem da ineficiência do processo produtivo ou administrativo. Diferentemente das perdas, que ocorrem de forma involuntária, os desperdícios originam-se do não aproveitamento de todos os recursos disponíveis e de atividades executadas que não agregam valor ao produto, como os itens defeituosos, a mão de obra ociosa e o material desperdiçado.

3.4.3 A classificação dos custos

Para melhor gerir os custos, é necessário entender as suas classificações: custos *diretos* e custos *indiretos* em relação ao produto.

Figura 3.9 – Identificação do custo ao produto

Identificação do custo em relação ao produto
{
a) Direto – quando há uma medida de consumo do gasto pelo produto.
b) Indireto – quando não existe uma medida de consumo dos gastos pelo produto.
}

Assim, os custos diretos podem ser identificados como pertencentes a determinado produto, além de ter uma medida fácil, objetiva e direta de alocação a ele. Já os custos indiretos são os gastos identificados com a função de produção, mas que não têm uma medida de associação direta com os produtos, visto que, para serem alocados a eles, necessitam de rateios, estimativas e aproximações. A alocação dos custos indiretos aos produtos pode conter algum grau de subjetividade, e o nível de precisão da mensuração é inferior ao dos custos diretos.

Além dessa classificação, os custos podem ser agrupados em fixos ou variáveis, considerando o volume de produção. Alguns custos, com o aumento da quantidade produzida, podem aumentar (como a matéria-prima); outros, no entanto, permanecem constantes (como o aluguel).

A classificação quanto ao volume leva em consideração o comportamento dos custos e o quanto eles variam com o aumento ou a diminuição das quantidades produzidas. Como afirmam Warren, Reeve e Fess (2008), o comportamento dos custos está relacionado à variação das atividades. Observe, na Figura 3.10, o comportamento dos custos em relação ao volume de produção:

Figura 3.10 – Classificação dos custos em relação ao volume de produção

Custos no volume de produção
- VARIÁVEIS – mudam de acordo com o volume de produção.
- FIXOS – não variam com alterações no volume de produção.
- MISTOS
  - Semivariáveis – variam com o nível de produção, porém têm uma parcela fixa.
  - Semifixos – têm valor constante até certo volume de produção.

A seguir, abordaremos o comportamento dos custos em suas respectivas classificações.

Custos fixos – São aqueles que permanecem no mesmo patamar ainda que haja variação do volume de produção.

Segundo Martins e Rocha (2010, p. 21), os "custos fixos são aqueles cujo montante não é afetado pelo volume, dentro de determinado intervalo do nível de atividade".

Caracterizam-se, nessa categoria, o aluguel, a depreciação do prédio ou dos equipamentos, entre outros gastos relacionados à produção, que existirão independentemente de a empresa estar produzindo ou não.

Gráfico 3.1 – Comportamento do custo fixo

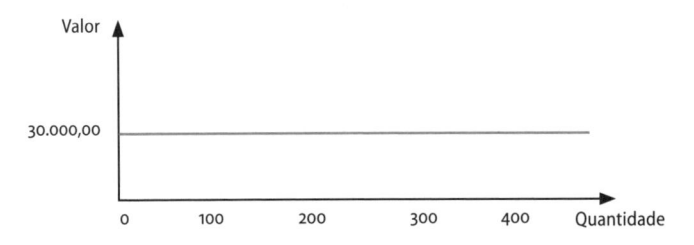

Como você pode notar, o Gráfico 3.1 mostra que o valor do custo fixo se mantém uniforme independente do volume

produzido, visto que permanece constante conforme aumenta a quantidade produzida.

Para facilitar o entendimento, vamos supor uma fábrica que tem a capacidade de produzir 3.000 unidades de determinado produto. Considerando que a empresa tem custos fixos iguais a R$ 30.000,00 e que, nos últimos seis meses, ocorreram variações nas quantidades produzidas, explicitamos, na Tabela 3.1, os seguintes custos unitários fixos:

Tabela 3.1 – Cálculo de custos fixos

Quantidade de produção/venda	Custos	
	Fixos totais	Fixos unitários
2.000	R$ 30.000,00	R$ 15,00
2.050	R$ 30.000,00	R$ 14,63
2.100	R$ 30.000,00	R$ 14,29
2.150	R$ 30.000,00	R$ 13,95
2.200	R$ 30.000,00	R$ 13,64
2.250	R$ 30.000,00	R$ 13,33

Observe que, quanto maior a quantidade produzida, menor é o custo unitário, pois a parcela do custo fixo é rateada a uma maior quantidade de produtos, e isso faz com que o custo total médio seja menor. Da mesma forma, quanto menor é a quantidade produzida, maior é o custo unitário, pois o custo total é divido por uma quantidade menor de produção.

Custos variáveis – São os gastos que variam conforme o volume de produção. A exemplo destes, temos a matéria-prima e a embalagem do produto: quanto maior for o volume de produção, maiores serão os gastos com esses insumos.

Segundo Warren, Reeve e Fess (2008), os custos variáveis oscilam proporcionalmente às mudanças no nível de produção, tendo seu crescimento ou sua redução vinculados às quantidades produzidas.

O Gráfico 3.2 ilustra o comportamento do custo variável:

Gráfico 3.2 – Comportamento do custo variável

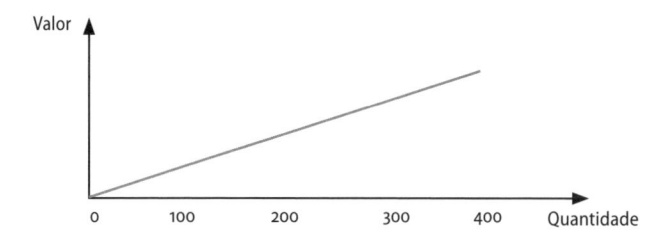

Para melhor compreensão, considere que determinado produto tem um custo variável unitário de R$ 2,70. Quanto mais unidades forem produzidas, maior será o montante de custos variáveis. A Tabela 3.2 indica essa variação:

Tabela 3.2 – Exemplo de cálculo de custos variáveis

Quantidade de produção/venda	Custos	
	Variáveis totais	Variáveis unitários
2.000	R$ 5.400,00	R$ 2,70
2.050	R$ 5.535,00	R$ 2,70
2.100	R$ 5.670,00	R$ 2,70
2.150	R$ 5.805,00	R$ 2,70
2.200	R$ 5.940,00	R$ 2,70
2.250	R$ 6.075,00	R$ 2,70

Observe que o custo variável por unidade é fixo, porém, quanto mais unidades produzidas, maior é a necessidade de utilização de matéria-prima e embalagem, por exemplo. De acordo com Corbari e Macedo (2012, p. 39), "o custo variável possui um comportamento crescente, ou seja, quanto maior a produção, maiores serão os gastos com a matéria-prima e outros materiais diretos aplicados à produção".

Custos mistos – Para Warren, Reeve e Fess (2008), os custos mistos são aqueles que possuem características tanto de custo fixo quanto de custo variável. Na prática, poucos são os custos totalmente fixos ou variáveis; a maioria se enquadra na camada intermediária como *semifixos* ou *semivariáveis*.

Dubois, Kulpa e Souza (2009) interpretam o prefixo *semi-* como "a metade de alguma coisa". Nesse caso, cabe a crítica de que, se o gasto com a energia elétrica da fábrica for considerado um custo semifixo, podemos deduzir que metade dos custos é fixa, enquanto a outra metade é variável.

Os custos mistos são segregados em:

a) **Custos semivariáveis** – Têm uma parcela fixa e uma variável. Por exemplo: água e telefone, os quais têm uma taxa mínima (fixa), contratada no plano, e outra cobrada em função do consumo efetivo (variável).

O Gráfico 3.3 a seguir ilustra o comportamento do custo semivariável:

Gráfico 3.3 – Comportamento do custo semivariável

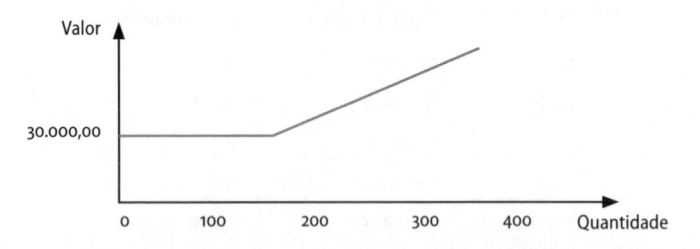

Observe que os custos semivariáveis são fixos até certo ponto; passando deste, passam a ter um comportamento variável.

b) **Custos semifixos** – Aqueles que são fixos a certos intervalos de produção, alterando-se em degraus até atingir novo patamar fixo. Por exemplo: o supervisor de linhas de produção mantém-se fixo até a contratação de um novo supervisor (variável), e depois volta a se manter fixo até próxima contratação.

O Gráfico 3.4 ilustra o comportamento do custo semifixos:

Gráfico 3.4 – Comportamento do custo semifixo

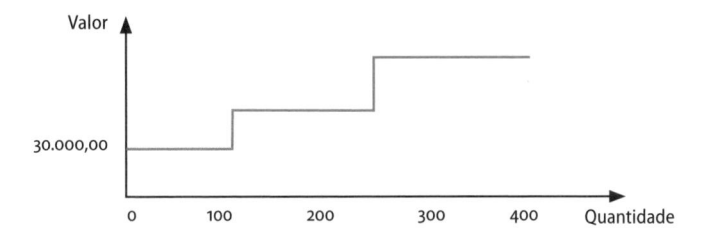

Com base no gráfico, você pode perceber que esse custo é fixo somente em certos patamares da produção, depois aumenta (varia) e torna-se fixo novamente.

3.4.4 Métodos de custeios

O fator decisivo do sucesso ou do fracasso da organização está pautado basicamente no lucro da organização, dado pela diferença entre o preço de venda e o custo do produto. Portanto, identificar o custo para definir o preço de venda é altamente necessário para o sucesso da organização. A literatura apresenta diversos métodos de custeio que se adaptam a qualquer tipo de organização, seja industrial, comercial ou prestadora de serviços, com ou sem fins lucrativos. Os métodos de custeio são utilizados a fim de maximizar os resultados da companhia via redução de custos que são consequências da melhoria de processos, da redução de desperdícios, da terceirização etc.

Existem vários métodos de custeio, no entanto, os mais utilizados são o por absorção e o variável. Apesar da existência de vários métodos, todos têm uma única finalidade: encontrar o custo dos produtos. Para isso, utilizam-se diferentes critérios para apropriação dos custos indiretos ao custo total dos produtos, já que os custos diretos são plenamente identificáveis por produto. A seguir, abordaremos a aplicação dos principais métodos, ou seja, do custeio por absorção e do custeio variável.

3.4.4.1 Custeio por absorção

O método de **custeio por absorção** consiste em uma apropriação dos custos aos produtos. É considerado o mais tradicional, pois atribui ao produto todos os custos incorridos na sua produção, sejam eles diretos ou indiretos.

Figura 3.11 – Alocação dos custos aos produtos

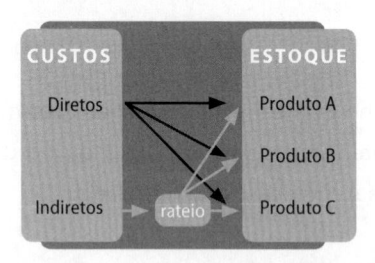

CUSTOS		ESTOQUE
Diretos	→	Produto A
		Produto B
Indiretos	→ rateio →	Produto C

Fonte: Adaptado de Martins, 2010, p. 46.

No custeio por absorção, todos os gastos utilizados na fabricação de um produto deverão ser absorvidos: o custo direto é alocado ao produto por meio de medições; já o custo indireto se dá por meio de rateios.

Esse é o método de apuração de custos de produção aceito pela legislação fiscal no Brasil, prevista no art. 290 do Regulamento do Imposto de Renda – RIR/99, estipulado pelo Decreto n. 3.000/1999 (Brasil, 1999):

> Art. 290. O custo de produção dos bens ou serviços vendidos compreenderá, obrigatoriamente (Decreto-Lei n. 1.598, de 1977, art. 13, §1º):
>
> I. o custo de aquisição de matérias-primas e quaisquer outros bens ou serviços aplicados ou consumidos na produção, observado o disposto no artigo anterior;
>
> II. o custo do pessoal aplicado na produção, inclusive de supervisão direta, manutenção e guarda das instalações de produção;
>
> III. os custos de locação, manutenção e reparo e os encargos de depreciação dos bens aplicados na produção;

IV. os encargos de amortização diretamente relacionados com a produção;

V. os encargos de exaustão dos recursos naturais utilizados na produção.

Parágrafo único. A aquisição de bens de consumo eventual, cujo valor não exceda a cinco por cento do custo total dos produtos vendidos no período de apuração anterior, poderá ser registrada diretamente como custo. (Decreto-Lei n. 1.598, de 1977, art. 13, § 2º)

Na metodologia do custeio por absorção, o foco maior está na separação dos gastos em custos e despesas. Os custos são lançados aos Produtos e ativados no Estoque; já as despesas são lançadas contra o Resultado do período.

Figura 3.12 – Apropriação dos gastos no custeio por absorção

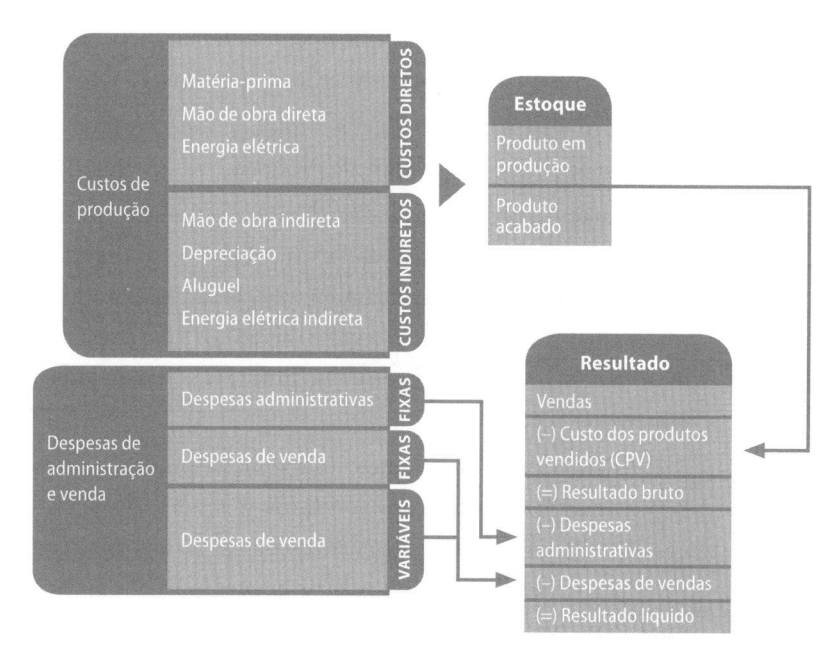

Fonte: Adaptado de Crepaldi, 2011, p. 139.

Conforme a Figura 3.12, os custos diretos e indiretos são apropriados ao produto em fabricação. Enquanto os produtos estão recebendo custos, eles são classificados em Estoque na conta "Produtos em Elaboração" e, após o término de sua produção, são lançados na conta "Produtos Acabados". No momento da venda, eles são retirados do Estoque e lançados no Resultado, na conta "Custos dos Produtos Vendidos".

Segundo Wernke (2004), esse método pode ser considerado vantajoso, pois:

a) atende à legislação fiscal, devendo ser utilizado quando a empresa busca o uso do sistema de custos integrado à contabilidade;

b) permite a apuração do custo por centro de custos[2], visto que a organização contábil é exigida em sua aplicação – dessa forma, quando os custos foram alocados aos departamentos adequadamente, o acompanhamento do desempenho de cada área se torna possível; e

c) permite a apuração do custo total de cada produto, ao absorver todos os custos de produção.

Já o **rateio** é a principal crítica atribuída ao custeio por absorção. Tendo em vista que os rateios são subjetivos, a adoção de determinado critério em detrimento de outro pode produzir resultados muito diferentes no valor dos custos finais, sem que tenha havido mudanças no processo produtivo. Isso prejudica o processo decisório.

Para entender como o rateio funciona na prática, vamos supor uma fábrica de dois produtos (Faqueiro Veneza e Faqueiro Roma), identificar o custo de produção dos produtos, além dos custos diretos, e ratear os custos indiretos ao produto. Para isso, tomaremos como critério o percentual de mão de obra direta utilizada na produção. Suponha que os custos indiretos da empresa têm a seguinte composição:

---

2 Os centros de custos são as diversas áreas da empresa. Normalmente se agrupam segundo a homogeneidade das atividades e são classificados como *produtivos* (diretos) e *não produtivos* (indiretos). O centro de custo indireto também é conhecido como *departamento auxiliar*. Os custos dos departamentos auxiliares são distribuídos aos departamentos produtivos, de acordo com a utilização dos seus serviços, a fim de identificar o custo total dos produtos.

Tabela 3.3 – Custos indiretos

Custos indiretos e fabricação	R$
Mão de obra indireta	45.000,00
Energia elétrica da fábrica	15.000,00
Depreciação da fábrica	25.000,00
Seguro da fábrica	3.000,00
Outros custos indiretos	5.000,00
Total	93.000,00

Suponha, ainda, que a empresa necessite do emprego de mão de obra direta (apresentada na Tabela 3.4) na mesma proporção da produção. Se os custos indiretos forem apropriados ao produto na mesma proporção em que a mão de obra direta, o total dos custos indiretos a serem apropriados pelos processos produtivos seria igual ao montante apresentado na última coluna da tabela abaixo.

Tabela 3.4 – Rateio com base na mão de obra direta

	Mão de obra direta	% de rateio	Custos indiretos
Faqueiro Veneza	R$ 9.600,00	65,75	R$ 61.150,68
Faqueiro Roma	R$ 5.000,00	34,25	R$ 31.849,32
Total	R$ 14.600,00	100,00	R$ 93.000,00

Por meio da soma dos custos indiretos de produção aos custos diretos, temos o custo total dos produtos. Com isso, aplica-se a margem de lucro desejada e obtém-se o preço de venda.

Agora vamos supor que o critério de rateio dos custos indiretos seja o total da matéria-prima por linha de produção. Assim, teríamos o seguinte resultado:

Tabela 3.5 – Rateio com base na matéria-prima total

	Matéria-prima total	% de rateio	Custos indiretos
Faqueiro Veneza	R$ 12.000,00	46,15	R$ 42.923,08
Faqueiro Roma	R$ 14.000,00	53,85	R$ 50.076,92
Total	R$ 26.000,00	100,00	R$ 93.000,00

Perceba que, se utilizarmos o critério da mão de obra direta, o custo indireto apropriado à linha de produção do Faqueiro Veneza é maior. Porém, se mudarmos o critério para matéria-prima, o custo indireto será apropriado em maior proporção ao Faqueiro Roma.

A seguir, apresentamos as tabelas 3.6 e 3.7, apropriando de forma distinta os custos indiretos indicados anteriormente:

Tabela 3.6 – Apropriação dos Custos Indiretos de Fabricação (CIFs) com base na mão de obra

Descrição	Faqueiro Veneza		Faqueiro Roma		Total
	Unitário	Total (80 unidades)	Unitário	Total (100 unidades)	
Matéria-prima	R$ 150,00	R$ 12.000,00	R$ 140,00	R$ 14.000,00	R$ 26.000,00
Mão de obra	R$ 120,00	R$ 9.600,00	R$ 50,00	R$ 5.000,00	R$ 14.600,00
Embalagem	R$ 90,00	R$ 7.200,00	R$ 50,00	R$ 5.000,00	R$ 12.200,00
Custo direto	R$ 360,00	R$ 28.800,00	R$ 240,00	R$ 24.000,00	R$ 52.800,00
Custo indireto	R$ 764,38	R$ 61.150,68	R$ 318,49	R$ 31.849,32	R$ 93.000,00
Custo total	R$ 1.124,38	R$ 89.950,68	R$ 558,49	R$ 55.849,32	R$ 145.800,00

Tabela 3.7 – Apropriação dos Custos Indiretos de Fabricação (CIFs) com base na matéria-prima

Descrição	Faqueiro Veneza		Faqueiro Roma		Total
	Unitário	Total	Unitário	Total	
Matéria-prima	R$ 150,00	R$ 12.000,00	R$ 140,00	R$ 14.000,00	R$ 26.000,00
Mão de obra	R$ 120,00	R$ 9.600,00	R$ 50,00	R$ 5.000,00	R$ 14.600,00
Embalagem	R$ 90,00	R$ 7.200,00	R$ 50,00	R$ 5.000,00	R$ 12.200,00
Custo direto	R$ 360,00	R$ 28.800,00	R$ 240,00	R$ 24.000,00	R$ 52.800,00
Custo indireto	R$ 536,54	R$ 42.923,08	R$ 500,77	R$ 50.076,92	R$ 93.000,00
Custo total	R$ 896,54	R$ 71.723,08	R$ 740,77	R$ 74.076,92	R$ 145.800,00

Note que os custos unitários apurados nas duas tabelas são distintos. Assim, mudando o critério de rateio dos custos indiretos, o resultado por produto modifica-se. Portanto, a decisão com base no custo unitário deve considerar sempre a problemática dos rateios.

3.4.4.2 Custeio direto ou variável

O **custeio direto**, também conhecido como *custeio variável*, é uma metodologia que apropria ao produto apenas os custos diretos e variáveis, os quais são claramente identificados nos produtos.

Segundo Crepaldi (2011), esse método consiste na separação dos gastos variáveis e fixos, ou seja, aqueles que variam quando se altera o volume de produção/venda e aqueles que permanecem estáveis às variações do volume de produção/venda oscilantes dentro de certos limites.

Na metodologia do custeio variável, não só o custo variável de produção deve compor o custo do produto, mas também o gasto variável obtido com sua comercialização. Os custos fixos, por sua vez, por estarem ligados ao período e não ao produto, são considerados *despesas do período*.

Figura 3.13 – Apropriação dos gastos no custeio direto (variável)

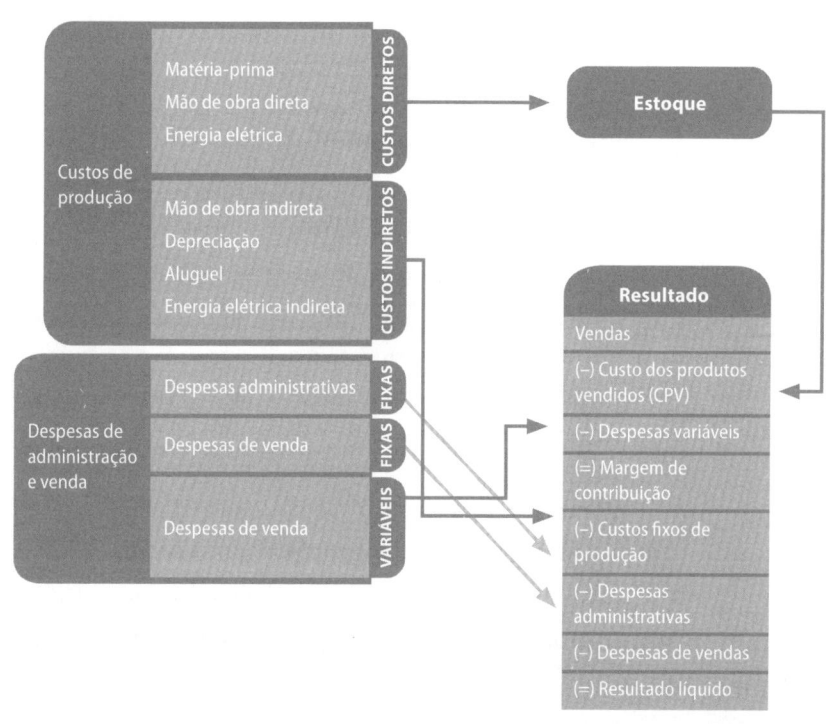

Custos de produção		
CUSTOS DIRETOS	Matéria-prima Mão de obra direta Energia elétrica	→ Estoque
CUSTOS INDIRETOS	Mão de obra indireta Depreciação Aluguel Energia elétrica indireta	

Despesas de administração e venda		
FIXAS	Despesas administrativas	
FIXAS	Despesas de venda	
VARIÁVEIS	Despesas de venda	

Resultado
Vendas
(–) Custo dos produtos vendidos (CPV)
(–) Despesas variáveis
(=) Margem de contribuição
(–) Custos fixos de produção
(–) Despesas administrativas
(–) Despesas de vendas
(=) Resultado líquido

Fonte: Adaptado de Crepaldi, 2011, p. 139.

Nesse contexto, somente os gastos que oscilam proporcionalmente ao volume de produção e venda é que devem ser apropriados aos Produtos. Por exemplo: matéria-prima, embalagens, mão de obra direta, comissões dos vendedores, fretes, entre outros. Os gastos fixos, que se mantêm estáveis diante da oscilação do volume de produção e venda, devem ser lançados como *Despesas do Período*.

Os gastos fixos não entram na composição do custo do produto para evitar o problema decorrente dos rateios. A complexidade e a subjetividade destes provocam distorções nas informações de custos; por isso, o custeio direto não efetua o processo de rateio, deixando os custos fixos fora do cálculo do custo dos produtos.

Dando sequência ao exemplo utilizado até o momento, observe a Tabela 3.8. Note que o custo dos produtos é formado pelos gastos variáveis de produção (matéria-prima, mão de obra direta e embalagem) e de comercialização (comissão sobre vendas). Como indicado anteriormente, o custo fixo não compõe o custo dos produtos.

Tabela 3.8 – Custo por produto

Descrição	Faqueiro Veneza		Faqueiro Roma		Total
	Unitário	Total	Unitário	Total	
Matéria-prima	R$ 150,00	R$ 12.000,00	R$ 140,00	R$ 14.000,00	R$ 26.000,00
Mão de obra	R$ 120,00	R$ 9.600,00	R$ 50,00	R$ 5.000,00	R$ 14.600,00
Embalagem	R$ 90,00	R$ 7.200,00	R$ 50,00	R$ 5.000,00	R$ 12.200,00
Comissão de venda	R$ 10,00	R$ 800,00	R$ 10,00	R$ 1.000,00	R$ 1.800,00
Custo total	**R$ 580,00**	**R$ 46.400,00**	**R$ 350,00**	**R$ 35.000,00**	**R$ 81.400,00**

Segundo Martins (2010), o uso do custeio direto (variável) justifica-se pelos argumentos apresentados a seguir.

Os custos fixos existem independentes da fabricação ou não do produto, e o montante não varia com as oscilações do volume de produção (dentro de certos limites). Os custos fixos tendem a ser mais um encargo para que a empresa possa ter condições de produção e manter instalada sua capacidade de produção do que um sacrifício para a fabricação específica desta ou daquela unidade.

Por não se referirem a um produto específico, os custos fixos são quase sempre distribuídos com base em critérios de rateio, que podem ser considerados, em maior ou menor grau, arbitrários. A maior parte das apropriações é feita em função de fatores de influência que, na verdade, não vinculam efetivamente cada custo a cada produto, visto que essa vinculação é forçada. Ao se apropriar de uma forma, é possível alocar mais custos em um produto do que em outro, e, alterando o critério de rateio para distribuição dos custos fixos, pode-se transformar um produto rentável em um não rentável (ou vice-versa).

O valor do custo fixo por unidade depende do volume de produção. Se o volume de produção aumentar, haverá um menor custo fixo por unidade e vice-versa. A decisão embasada em custos associa sempre o custo global ao volume tomado como referência.

De acordo com Corbari e Macedo (2012), o rateio dos custos fixos é subjetivo e não possui precisão, o que resulta em um custo unitário impreciso que poderá levar a decisões equivocadas, como o corte de um produto lucrativo ou o corte inadequado de produtos deficitários.

Ao alocar apenas os gastos variáveis aos produtos, são alocados os gastos que ocorrerão apenas se houver produção (somente os gastos pelos quais o produto é responsável), eliminando desse modo a subjetividade que envolve os custos fixos. Assim, embora o fisco não aceite o custeio direto sob o ponto de vista dos princípios e das normas contábeis, essa metodologia contribui de forma relevante para o processo de decisão.

Referente às vantagens desse método, Wernke (2004) e Martins (2010) apontam que o custeio direto:

- impede que os aumentos de produção que não correspondam aos aumentos de vendas distorçam os resultados, permitindo assim a observação de como os gastos variáveis acompanham sempre a direção das vendas;
- prioriza o aspecto gerencial ao enfatizar a rentabilidade de cada produto sem as distorções resultantes dos rateios de custos fixos aos produtos;
- não envolve rateios e critérios de distribuição de gastos, de modo a facilitar o cálculo e propiciar informações vitais para a empresa mais rapidamente;
- não é impedido pela legislação e pelas normas contábeis – é só tomar cuidado ao fazer os ajustes ao final de cada exercício;
- parece ser mais informativo à administração, já que abandona o resultado dos custos fixos, tratando-os contabilmente, como se fossem despesas, visto que eles são quase sempre repetitivos e independentes dos diversos produtos e unidades.

A crítica feita ao custeio direto refere-se à não aceitação dessa metodologia pela legislação tributária e para fins de avaliação de estoque. Porém, devemos considerar dois outros enfoques problemáticos: 1) a elevação dos custos fixos que, por não serem considerados no custo do produto, acabam sendo deixados de lado; e 2) a exigência de uma separação rígida entre gastos fixos e variáveis – sendo assim, não considerando custos mistos (parcelas fixas e variáveis), a separação muitas vezes utiliza técnicas tão arbitrárias quanto o rateio dos custos fixos no custeio por absorção.

3.4.5 Demonstrações contábeis projetadas

As **demonstrações contábeis** são representações monetárias estruturadas que indicam as posições patrimonial, financeira e econômica da empresa, objetivando, com isso, fornecer informações sobre patrimônio, posição financeira, fluxo financeiro e resultado, a fim de indicar os resultados do gerenciamento do negócio.

As principais demonstrações contábeis projetadas estão apresentadas no Quadro 3.1 a seguir:

Quadro 3.1 – Demonstrações contábeis projetadas

Relatório	Objetivo
Demonstração do Resultado do Exercício (DRE)	Apresentar a projeção dos resultados econômicos da empresa em determinado período.
Balanço Patrimonial (BP) projetado	Indicar a posição patrimonial de uma empresa (seus bens, direitos e obrigações).
Demonstração do Fluxo de Caixa (DFC)	Expor as entradas e as saídas de caixa em determinado período.

Esses conceitos são mais explorados no Capítulo 5 desta obra.

3.4.6 Indicadores financeiros

Os **indicadores financeiros**, como o próprio nome já diz, indicam as condições econômico-financeiras de uma organização e são divididos em quatro grupos principais.

Figura 3.14 – Indicadores financeiros

```
                    Indicadores ou
                     quocientes
        ┌───────────────┼───────────────┐
Indicadores de   Indicadores de   Indicadores de   Indicadores de
   liquidez      endividamento     rentabilidade      atividade
```

Os **indicadores de liquidez** mostram a situação financeira da empresa em relação a sua capacidade de honrar suas obrigações a curto e longo prazos. Por meio do confronto de algumas contas e grupos patrimoniais, podemos avaliar a capacidade de pagamento da empresa analisada em vários períodos. Assim, essa análise é realizada com base nas informações constantes do Balanço Patrimonial (BP) da empresa, sendo que, para cada tipo de liquidez calculada, são utilizadas informações diferentes.

Os **indicadores de endividamento**, por sua vez, mostram a situação financeira da empresa em relação à sua estrutura de financiamento, apontando a origem dos recursos empregados e a proporção de capital próprio e de terceiros.

Já os indicadores de rentabilidade mostram a situação econômica da empresa em relação ao retorno de capital investido, indicando os resultados apurados por ela. Esses indicadores dão uma ideia aproximada do nível de eficiência da empresa na aplicação de seus recursos.

Por fim, temos os **indicadores de atividade**, que mostram a situação da empresa com relação ao recebimento de suas vendas, aos pagamentos de suas obrigações e também ao giro e à utilização de seus estoques. Os índices de atividades têm como principal objetivo verificar a eficiência da empresa no uso de seus recursos no desenvolvimento de suas atividades operacionais.

Esses indicadores são abordados no Capítulo 6.

3.5 O controle orçamentário

O **controle orçamentário** é a fase que ocorre concomitantemente ou após a execução dos planos e serve como ferramenta de análise das ações implementadas, com o objetivo de identificar se a execução está de acordo com o que foi preestabelecido, conforme apresentado na Figura 3.15 a seguir:

Figura 3.15 – O processo orçamentário

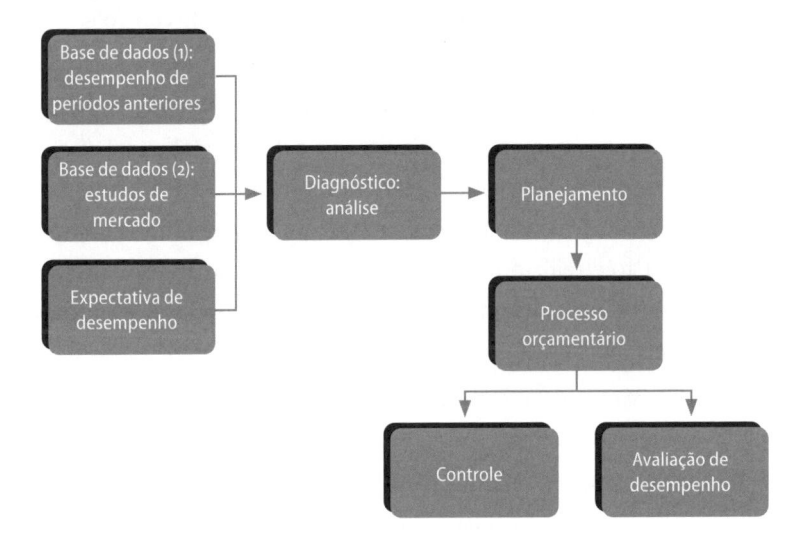

```
Base de dados (1):
desempenho de
períodos anteriores

Base de dados (2):     Diagnóstico:        Planejamento
estudos de      →      análise       →
mercado

Expectativa de                              Processo
desempenho                                  orçamentário

                                    ↙           ↘
                                Controle    Avaliação de
                                            desempenho
```

Fonte: Fernandes, 2005, p. 15.

Para Atkinson et al. (2000), o controle de gestão é um conjunto de métodos e ferramentas utilizado pelos membros da empresa para mantê-la na trajetória correta, a fim de que seus objetivos sejam alcançados. Nesse contexto, o controle não funciona por si só, visto que ele necessita da intervenção de pessoas em sua operação, análise e interpretação.

> Um controle deverá ser composto por um sistema de acompanhamento e monitoramento do desempenho, o qual necessitará ser comparado constantemente com o planejamento, gerando relatórios que permitam ao gestor a análise e a implementação de ações corretivas.

Para exercer a atividade de controle, agruparam-se os controles de gestão em **instrumentos contábil-gerenciais** e demais instrumentos de auxílio à gestão, também conhecidos como *instrumentos financeiros* ou *não financeiros*. Os instrumentos contábil-gerenciais ou financeiros estão relacionados à utilização das informações contábeis no processo de controle.

Nesse sentido, enquanto o planejamento e o orçamento fornecem um conjunto de objetivos a ser alcançado pela empresa, o controle orçamentário garante que o desempenho real esteja em conformidade com os planos preestabelecidos. A operacionalização do controle orçamentário ocorre pelo confronto entre previsto e realizado. As variações, dentro de algum critério de relevância, devem ser identificadas, analisadas e, eventualmente, ajustadas.

Para que a etapa de controle exista, é necessário que os planos tenham sido previamente estipulados – caso contrário, não há com o que comparar o desempenho atual.

As variações podem ser classificadas, conforme indica Frezatti (2009), da seguinte forma:

- **Variações não significativas** – São consideradas dentro de um critério estabelecido como significativo, podendo ser um percentual ou um valor absoluto. Por exemplo, podem ser consideradas variações não significativas aquelas abaixo de 10% do valor orçado; isso se aplica tanto a valores monetários quanto a operacionais.

- **Variações significativas (devido a erros de informações)** – São aquelas que ocorrem em função de informações equivocadas referentes aos valores reais obtidos ou de valores previstos inadequadamente. Devem ser corrigidas para que seja reduzido ao máximo o prejuízo sofrido.

- **Variações significativas (devido a decisões administrativas)** – São as que se originaram de uma decisão tomada por um órgão externo à unidade de negócios que não pode ser desfeita. O importante é que a responsabilidade seja compreendida.

- **Variações significativas (em razão de decisões não controláveis, embora identificadas)** – Ocorrem sempre que alguma variação é identificada e, mesmo tendo conhecimento das causas e dos motivos da variação, não existem alternativas que possam evitá-las.

- **Variações significativas (cujas causas precisas não tenham sido estabelecidas)** – Podem ser pouco representativas e não numerosas. Entretanto, se ocorrer o contrário, indicam problemas na identificação das variações e no processo de controle.

Além disso, o controle das variações pode ser feito de três formas (Frezatti, 2009):

1. **Tipo rígido** – Considera que o orçamento tem de ser atingido em critérios preestabelecidos e não aceita variações. Na prática, se aplicado ao extremo, não funciona, sendo geralmente associado ao uso de "folgas financeiras" por parte dos gestores.

2. **Tipo SWAT (ou ultraflexível)** – Considera apenas o lucro – os demais critérios podem ser ajustados conforme o bom senso do gestor – e privilegia o curto prazo. Por exemplo, um maior nível de receitas aceita maiores gastos.

3. **Tipo misto** – Permite variações dependendo do nível de tolerância de cada faixa de oscilação.

De acordo com Frezatti (2005), os elementos que caracterizam o controle orçamentário, assim como as demonstrações contábeis, levam em conta acompanhamento dos elementos da Demonstração do Resultado do Exercício (DRE), da Demonstração do Fluxo de Caixa (DFC), do Balanço Patrimonial (BP) e dos indicadores financeiros.

Síntese

O orçamento empresarial consiste em um instrumento de programação que define um caminho a ser percorrido pela empresa, contém metas a serem atingidas e delineia os planos empresariais em termos financeiros, relacionando seus fluxos de ingressos e as saídas de recursos.

Esse processo tem a finalidade de coordenar os objetivos de todas as áreas da empresa, para que todos trabalhem sinergicamente no cumprimento dos propósitos gerais da organização. Para isso, o orçamento envolve as fases de estabelecimento de metas e de execução dos planos a fim de atingi-las, e, ainda, de comparação periódica dos resultados obtidos com os planejados.

Vimos também que a etapa financeira objetiva transformar em linguagem monetária as decisões dos planos estratégicos e operacionais estabelecidos pela empresa. Nessa fase, relacionamos o fluxo de entradas de recursos decorrente das vendas previstas ao fluxo de saída de recursos em virtude dos gastos programados. Sendo assim, a etapa financeira envolve a estimação do preço de venda, dos custos dos produtos, das despesas operacionais e de comercialização, as demonstrações contábeis projetadas e os indicadores financeiros.

Questões para revisão

1. Qual é a finalidade do orçamento empresarial?

2. Na elaboração dos orçamentos, duas etapas devem ser consideradas além das diretrizes estratégicas da empresa: a operacional e a financeira. Indique a diferença entre elas.

3. Quanto ao orçamento, é correto afirmar que:

i. seu objetivo é comunicar as metas e os planos da administração a todos os envolvidos, possibilitando a integração entre todas as unidades e todos os níveis hierárquicos da empresa.
ii. seu objetivo é alocar os recursos às diversas unidades de utilização de forma mais eficiente.
iii. seu objetivo é traçar um plano futuro para a organização com base nos planos de cada unidade.
iv. seu objetivo é efetuar um racionamento de gastos por meio da análise de custos.

Assinale a alternativa correta:
a) Apenas a afirmativa I está correta.
b) Apenas a afirmativa III está correta.
c) Apenas as afirmativas II e III estão corretas.
d) Apenas as afirmativas III e IV estão corretas.

4. Analise as alternativas a seguir a respeito do orçamento:
i. É um instrumento estratégico utilizado somente por empresas de grande porte.
ii. É um instrumento sem aplicação prática, tendo em vista que é construído com base em projeções, estimativas e julgamentos.
iii. Não exige uma revisão periódica, uma vez que não possui flexibilidade, mesmo que seja identificado um planejamento equivocado anteriormente.
iv. Deve conter os fluxos de entradas e saídas de recursos considerando as metas a serem atingidas por diversas unidades.

É correto afirmar que:
a) apenas a afirmativa I está correta.
b) apenas a afirmativa III está correta.
c) apenas a afirmativa IV está correta.
d) apenas as afirmativas II e III estão corretas.

5. O orçamento empresarial retrata os planos operacionais e financeiros da empresa:

   I. O plano operacional tem como finalidade estabelecer os objetivos estratégicos da organização.
   II. O plano financeiro relaciona os fluxos de entradas e saídas de recursos consubstanciados no que foi estabelecido no plano operacional.
   III. As demonstrações projetadas fazem parte do plano estratégico da empresa, mas não são consequência dos planos estratégicos e operacionais.
   IV. Para elaborar os planos operacional e financeiro da empresa, não é necessário conhecer os custos da empresa e seu comportamento nos diversos níveis de produção e venda.

   É correto afirmar que:
   a) apenas as afirmativas II e III estão corretas.
   b) apenas a afirmativa I está correta.
   c) apenas as afirmativas I e IV estão corretas.
   d) apenas a afirmativa II está correta.

Questão para reflexão

Qual é o papel do orçamento empresarial no gerenciamento das organizações?

Saiba mais

Indicamos os textos a seguir como complemento para seus estudos. A leitura deles lhe propiciará maior conhecimento sobre orçamento empresarial e sua importância para o gerenciamento das organizações.

Castanheira, D. R. F. **O uso do orçamento empresarial como ferramenta de apoio à tomada de decisão e ao controle gerencial em indústrias farmacêuticas de médio porte.** 111 f. Dissertação (Mestrado em Administração) – Universidade de São Paulo, São Paulo, 2008. Disponível em: <http://www.teses.usp.br/teses/disponiveis/12/12139/tde-11122008-16584.php>. Acesso em: 28 jan. 2013.

Leite, R. M. **Orçamento empresarial:** um estudo exploratório em indústrias do Estado do Paraná. 238 f. Dissertação (Mestrado em Contabilidade) – Universidade Federal do Paraná, Curitiba, 2008. Disponível em: <http://www.ppgcontabilidade.ufpr.br/system/files/documentos/Dissertacoes/D012.pdf>. Acesso em: 28 jan. 2013.

Estrutura do plano orçamentário[1]

[1] Alguns trechos deste capítulo foram extraídos e adaptados de Corbari e Macedo (2012).

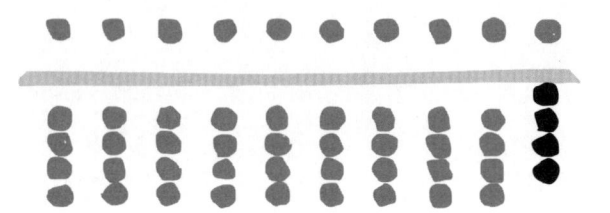

Conteúdos do capítulo:

- Orçamento operacional.
- Orçamento de investimento.
- Orçamento de financiamento.

Após o estudo deste capítulo, você será capaz de:

1. entender o que são os orçamentos operacional, de investimento e de financiamento;
2. elaborar o orçamento operacional, que inclui o orçamento de vendas, de produção, de compras de materiais, de despesas administrativas e de vendas;
3. preparar um orçamento de investimento relacionado à aquisição de investimentos, imobilizados e intangíveis;
4. projetar um orçamento de financiamento, incluindo as amortizações e as despesas financeiras.

Como vimos no Capítulo 3, o orçamento empresarial objetiva identificar os componentes do planejamento financeiro por meio de um sistema orçamentário, entendido como um plano que abrange todo o conjunto das operações anuais de uma empresa mediante a formalização do desempenho dessas funções administrativas gerais.

Neste capítulo, aprofundaremos essas questões, observando como os orçamentos operacional, de investimento e de financiamento se relacionam na composição do plano orçamentário.

4.1 O plano orçamentário

Os planejamentos detalhados das operações das atividades da empresa – suportados por um criterioso orçamento empresarial – constituem uma ferramenta importante para direcionar os rumos das organizações. O produto final obtido por essa técnica consiste em um plano que busca definir a previsão dos resultados operacionais esperados para o período orçado, diagnosticando, inclusive, os problemas decorrentes de algumas decisões.

Nesse contexto, para alcançar as metas da organização, é imprescindível um planejamento criterioso de todas as ações que resultarão em receitas e gastos futuros, visto que um orçamento traça um curso para a empresa, delineando seus planos em termos financeiros.

Retomando o que foi apresentado no capítulo anterior, um orçamento envolve três fases:

Figura 4.1 – Fases do orçamento

- O estabelecimento de metas específicas
- Comparação periódica dos resultados efetivos com as metas
- A execução de planos para atingir suas metas

As fases indicadas na Figura 4.1 correspondem às funções administrativas de **planejamento**, **direção** e **controle**, abordadas anteriormente. Relembrando: o planejamento tem como objetivo estabelecer metas específicas para futuras operações. Por sua vez, as ações executadas para atingir as metas fazem parte da direção. Já o controle visa comparar os resultados reais com as metas estabelecidas.

De acordo com Warren, Reeve e Fess (2008, p. 183), um orçamento é elaborado, normalmente, para o período de um ano e vinculado ao ano fiscal de uma entidade, sendo ainda estruturado com base em dados históricos das operações econômicas e financeiras. Os orçamentos anuais podem ser subdivididos em períodos menores, como semanas, meses ou trimestres, a critério do administrador.

Um plano orçamentário contempla três grandes segmentos:

1. Orçamento operacional.
2. Orçamento de investimento.
3. Orçamento de financiamento.

Compreenda, a seguir, no que consiste cada um dos segmentos do orçamento.

4.2 Orçamento operacional

O **orçamento operacional** contém a maior parte das peças orçamentárias, pois engloba todos os orçamentos específicos que atingem a estrutura hierárquica da empresa, como as áreas administrativas, comercial e de produção (Padoveze, 2012).

De acordo com Padoveze (2012), o orçamento operacional compreende as seguintes peças orçamentárias:

- Orçamento de vendas.
- Orçamento de produção.
- Orçamento de estoque e de custos do produto vendido.
- Orçamento das despesas administrativas e de vendas.

Observe na Figura 4.2 a seguir como esses componentes do orçamento operacional se relacionam:

Figura 4.2 – Orçamento operacional

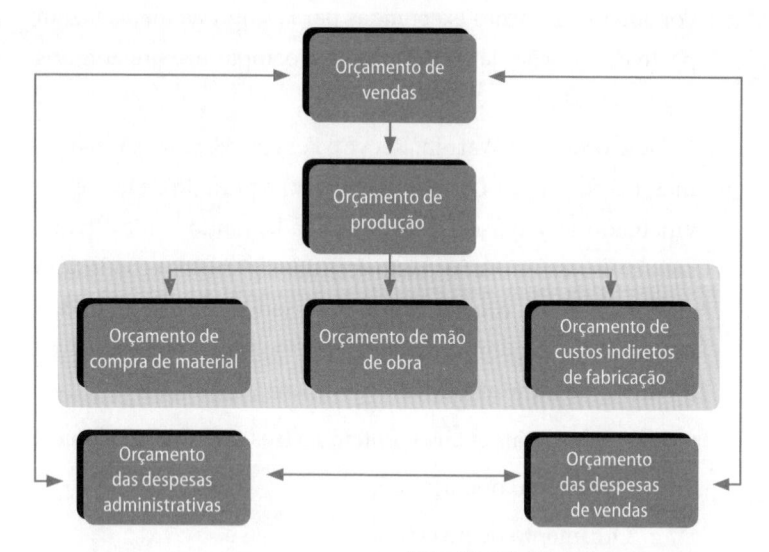

```
                    ┌─────────────────┐
         ┌─────────▶│  Orçamento de   │◀─────────┐
         │          │     vendas      │          │
         │          └────────┬────────┘          │
         │                   ▼                   │
         │          ┌─────────────────┐          │
         │          │  Orçamento de   │          │
         │          │    produção     │          │
         │          └────────┬────────┘          │
         │        ┌──────────┼──────────┐        │
         │        ▼          ▼          ▼        │
         │  ┌──────────┐ ┌────────┐ ┌──────────┐ │
         │  │Orçamento │ │Orç. de │ │Orçamento │ │
         │  │de compra │ │mão de  │ │de custos │ │
         │  │material  │ │ obra   │ │indiretos │ │
         │  └──────────┘ └────────┘ └──────────┘ │
         │                                       │
     ┌───┴──────┐                       ┌────────┴─┐
     │Orçamento │                       │Orçamento │
     │despesas  │◀─────────────────────▶│despesas  │
     │admin.    │                       │de vendas │
     └──────────┘                       └──────────┘
```

FONTE: Adaptado de Jiambalvo, 2002, p. 201.

Perceba que, como o orçamento operacional abrange as áreas administrativas, comercial e de produção, ele tem como principal objetivo a junção de todos os gastos e de todas as receitas da empresa a fim de formar o lucro.

O orçamento operacional inicia-se com o orçamento de venda seguido pelo orçamento de produção – composto pelos orçamentos de compra de material, de mão de obra direta e de custos indiretos de fabricação; a soma desses orçamentos resultará nos custos do produto. Por fim, também integram o orçamento operacional os orçamentos de despesas administrativas e de vendas.

4.2.1 Orçamento de vendas

Para Welsch (1983), o orçamento deve ser iniciado pelo plano de vendas, visto que elas representam a fonte básica de entrada de recursos monetários, além de que todos os demais planos que exigirão desembolsos pela empresa dependem desse plano.

Com base no **orçamento de vendas** – o qual apresenta o montante de receitas que ingressarão na organização –, é possível programar os investimentos adicionais em ativos imobilizados, o volume de despesas a ser planejado, as necessidades de mão de obra, o nível de produção, entre outros aspectos operacionais.

> O orçamento de vendas consiste em um plano de vendas futuras, cuja função principal é determinar o volume ou o nível de atividades futuras da empresa e do qual depende todo o planejamento empresarial (Welsch, 1983).

Para a previsão de vendas, muitas vezes são utilizados como ponto de partida os dados do passado obtidos na contabilidade, por exemplo: o nível histórico de vendas (valores nominais, em reais), a sazonalidade do negócio e a representatividade dos novos negócios ou produtos concretizados.

Os dados históricos são atualizados por fatores que podem afetar as vendas futuras, como mercado consumidor, condições econômicas gerais, ação dos concorrentes, planos de *marketing* e de promoção de vendas, variáveis de produção, de mercado fornecedor, de trabalho e de recursos financeiros.

Warren, Reeve e Fess (2008, p. 197) expõem os seguintes fatores que devem ser considerados no orçamento de vendas, além dos dados históricos:

- ordens de vendas em carteiras ainda não atendidas;
- planejamento de promoção e propaganda;
- condições econômicas gerais e industriais esperadas;
- capacidade produtiva;
- política de projeção de preços; e
- descobertas de estudos de pesquisa de mercado.

As diversas variáveis que impactam um orçamento de vendas também devem ser levadas em consideração. Dessa forma, não são previstas vendas superestimadas que, por consequência, geram previsões de entradas de caixa incorretas, influenciando todos os demais orçamentos da empresa.

Segundo Warren, Reeve e Fess (2008), o orçamento de vendas normalmente indica a quantidade estimada de vendas e o preço de venda esperados para cada produto.

Exemplificaremos esse processo para que você possa compreender melhor como é construída a parte financeira de um orçamento. Considere os dados fictícios de uma empresa fabricante de produtos para parques infantis denominada *Pipoca Ltda.*, os quais serão apresentados a seguir.

O primeiro passo no processo de orçamentação consiste em projetar a quantidade a ser vendida e o preço médio esperado de venda, passos que serão fundamentados por meio de uma pesquisa de mercado. Nesse sentido, a empresa Pipoca Ltda., que atende apenas ao mercado interno, apresenta as seguintes estimativas de quantidade e preços médios de vendas:

Tabela 4.1 – Vendas projetadas

Produto	Quantidade estimada (em unidades)	Preço médio estimado da unidade
Produto K	6.000	R$ 1.000,00
Produto L	3.000	R$ 800,00

Após obtida a estimativa do volume de venda, podemos determinar a receita de venda esperada ao multiplicar o volume de venda pelo preço unitário esperado, conforme apresentado a seguir:

Tabela 4.2 – Orçamento de vendas

Pipoca Ltda. Orçamento de vendas – exercício: 20XX			
Produto	Unidades vendidas	Preço unitário de vendas	Receita total
Produto K	6.000	R$ 1.000,00	R$ 6.000.000,00
Produto L	3.000	R$ 800,00	R$ 2.400.000,00
Total			R$ 8.400.000,00

No decorrer da execução das atividades, a administração pode, para fins de controle, comparar as vendas reais com as orçadas. Havendo diferenças significativas, a empresa poderá tomar medidas corretivas cabíveis.

4.2.2 Orçamento de produção

De posse das estimativas das quantidades a serem vendidas por produto, o **orçamento de produção** prevê então a quantidade que precisa ser fabricada para atender às necessidades de vendas e, ainda, manter um estoque final desejado.

Uma vez definida a quantidade a ser produzida, é possível levantar o orçamento de compra de matéria-prima e mão de obra, além dos custos indiretos de fabricação, dados que permitirão uma estimativa do custo unitário por produto.

Para melhor compreensão, considere novamente a empresa Pipoca Ltda. Ela não possui estoques iniciais e deseja produzir o necessário para viabilizar as vendas e manter um estoque no final do exercício nas quantidades apresentadas na Tabela 4.3 a seguir:

Tabela 4.3 – Quantidades projetadas

Quantidade	Produto K	Produto L
projeção de vendas	6.000	3.000
Projeção de estoque final	1.000	2.000
Projeção de estoque inicial	-	-

Para apurar o volume orçado de produção, utilizamos a seguinte formulação:

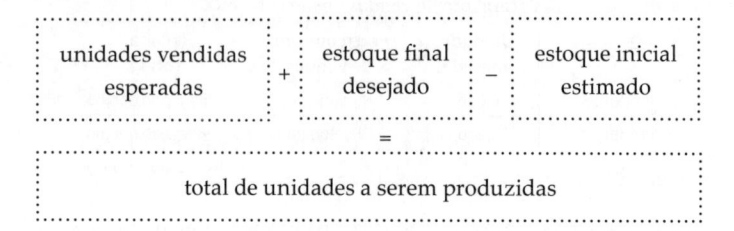

$$\text{unidades vendidas esperadas} + \text{estoque final desejado} - \text{estoque inicial estimado}$$

$$= \text{total de unidades a serem produzidas}$$

Utilizando essa fórmula e as quantidades necessárias para vendas e estoque final, o orçamento de produção da empresa Pipoca Ltda. fica estruturado da seguinte forma:

Tabela 4.4 – Orçamento de produção

Pipoca Ltda. Orçamento de produção exercício: 20XX		
	Unidades	
	Produto K	Produto L
Vendas esperadas	6.000	3.000
(+) Estoques finais desejados	1.000	2.000
Total	7.000	5.000
(–) Estoques iniciais estimados	-	-
Total	7.000	5.000

O orçamento de produção baseia-se em quantidade e não em valores financeiros, pois visa apenas definir as quantidades de material, mão de obra e custos indiretos de que necessitará. Sendo assim, a valoração ocorrerá em seus respectivos planos.

Após essa etapa, o próximo passo é calcular a quantidade de material direto, mão de obra direta e volume de custos fixos necessários para viabilizar a produção. Cada uma dessas etapas constitui uma peça do orçamento de produção e será tratada na sequência.

4.2.2.1 Orçamento de material direto

O **material direto** é formado pelas matérias-primas, pelas embalagens e por outros materiais utilizados diretamente no processo produtivo. Enquadra-se nessa categoria todo material utilizado na fabricação do produto e que possui uma apropriação direta com este (Corbari; Macedo, 2012).

O **orçamento de material direto** visa programar a quantidade e o valor do material a ser adquirido para a fabricação das unidades estimadas.

Dando continuidade ao orçamento de produção, consideramos que os dois produtos fabricados pela empresa Pipoca Ltda. utilizam a quantidade de material indicada na Tabela 4.5 a seguir, bem como seus respectivos preços de compra.

Tabela 4.5 – Quantidades e preços de compra projetados

	Produto K	Produto L	Preço no mercado
Ferro	25	20	R$ 8,50
Madeira (pilar)	0	1	R$ 14,50
Parafusos	12	8	R$ 5,00
Dobradiças	6	3	R$ 3,50

Considerando as quantidades de materiais, os preços de compras projetadas e as quantidades apuradas no orçamento de produção, o orçamento de material direto fica estruturado conforme a Tabela 4.6:

Tabela 4.6 – Orçamento de material direto

	Pipoca Ltda. Orçamento custo direto exercício: 20XX					
	Produto K			Produto L		
	Quant.	Custo	Total	Quant.	Custo	Total
Ferro	25	R$ 8,50	R$ 212,50	20	R$ 8,50	R$ 170,00
Madeira (pilar)	0	R$ 14,50	-	1	R$ 14,50	R$ 14,50

(continua)

(Tabela 4.6 - conclusão)

Pipoca Ltda.
Orçamento custo direto
exercício: 20XX

	Produto K			Produto L		
	Quant.	Custo	Total	Quant.	Custo	Total
Parafusos	12	R$ 5,00	R$ 60,00	8	R$ 5,00	R$ 40,00
Dobradiças	6	R$ 3,50	R$ 21,00	3	R$ 3,50	R$ 10,50
Total			R$ 293,50			R$ 235,00
Quantidade produzida			7.000			5.000
Subtotal			R$ 2.054.500,00			R$ 1.175.000,00
Total			R$ 3.229.500,00			

Tendo em vista que o material direto pode ser estocado, a fórmula de apuração da quantidade de compra necessária é a seguinte:

> materiais necessários à produção + estoque final desejado
> – estoque inicial estimado
> =
> materiais diretos a serem comprados

De acordo com Warren, Reeve e Fess (2008, p. 189), "o orçamento de [...] material direto auxilia a administração a manter níveis de estoque dentro de limites razoáveis". Deve-se considerar que pouco estoque de materiais pode prejudicar o andamento da produção, porém altos estoques de material representam dinheiro empatado em materiais que deixam de fazer frente aos fluxos de caixa.

As compras, da mesma forma que as vendas, recebem influências externas, como o nível de preços decorrentes dos ajustes de tabela dos fornecedores e a variação de volume, em função de variação de volume de vendas físicas (unidades) e de maior/menor estocagem.

Assim, o valor de compra constante no orçamento, por ser uma estimativa futura, poderá oscilar quando forem efetivamente adquiridos os materiais. Muitas vezes, as variações no preço de compra podem ser previstas pelo empresário, porém é difícil mensurar com antecedência determinadas situações.

4.2.2.2 Orçamento de mão de obra direta

São classificados como **mão de obra direta** os gastos com salários do pessoal vinculado diretamente ao setor produtivo, desde que seja possível atribuir o tempo despendido para cada unidade produzida.

De acordo com Corbari e Macedo (2012), só são classificados como *mão de obra direta* os gastos que permitem a identificação de quem executou os produtos e, ainda, o tempo despendido para a elaboração de cada unidade. Caso existam apropriações indiretas ou rateios, a mão de obra deixa de ser direta e passa a ser classificada como *indireta*.

O **orçamento de mão de obra direta** visa programar a quantidade necessária de horas para atender à produção estimada e seu respectivo valor.

Para fabricar os produtos que constam no orçamento de vendas da empresa Pipoca Ltda., considere que o produto passa por dois departamentos: produção e qualidade. A quantidade de horas utilizadas por cada produto por departamento e seus respectivos custos por hora estão representados na Tabela 4.7 a seguir:

Tabela 4.7 – Horas por produto e valor hora projetados

	Departamento de produção	Departamento de qualidade
Produto K	3 horas por unidade	0,3 hora por unidade
Produto L	1 hora por unidade	0,2 hora por unidade
Valor hora	R$ 32,00	R$ 19,00

Considerando a quantidade de horas para produção de cada unidade e, ainda, a quantidade total prevista no orçamento de produção para a fabricação dos produtos, obtemos a seguinte quantidade de horas necessárias para a produção de todas as unidades:

Tabela 4.8 – Quantidade de horas total projetadas por produto

	Departamento de produção			Departamento de qualidade		
	Horas por unidade	Quantidade produzida	Total de horas	Horas por unidade	Quantidade produzida	Total de horas
Produto K	3	7.000	21.000	0,3	7.000	2.100
Produto L	1	5.000	5.000	0,2	5.000	1.000

Uma vez encontrada a quantidade de horas total por departamento a ser utilizada para a fabricação de cada produto e, ainda, o valor da hora, a empresa Pipoca Ltda. obterá o seguinte orçamento de mão de obra direta:

Tabela 4.9 – Orçamento de mão de obra direta

	Pipoca Ltda. Orçamento de mão de obra direta Exercício: 20xx					
	Produto K			Produto L		
	Horas necessárias	Custo hora	Custo total	Horas necessárias	Custo hora	Custo total
Depto. de produção	21.000	R$ 32,00	R$ 672.000,00	5.000	R$ 32,00	R$ 160.000,00
Depto. de qualidade	2.100	R$ 19,00	R$ 39.900,00	1.000	R$ 19,00	R$ 19.000,00
Subtotal			R$ 711.900,00			R$ 179.000,00
Total	R$ 890.900,00					

A construção do **orçamento da mão de obra por produto** considera o custo total de mão de obra utilizada nos dois departamentos. Já o **orçamento total** considera a soma da mão de obra total por produto.

Como você pode observar, a elaboração do orçamento de mão de obra direta é importante, pois permite programar a quantidade necessária de horas para atender à produção e estimar o seu impacto no Fluxo de Caixa.

4.2.2.3 Orçamento de custos indiretos de fabricação

O **Custo Indireto de Fabricação (CIF)** caracteriza-se por todos os gastos identificados com a função de produção, porém não estão apropriados diretamente ao produto, mas sim por meio de estimativas de consumos.

Diversos gastos são classificados nesse grupo, entre eles a depreciação dos equipamentos, a energia elétrica, a segurança, entre outros gastos consumidos de forma indireta.

Por constituírem custos de produção, ou seja, serem gastos ligados à fabricação do produto, mesmo que os CIFs não permitam uma medida efetiva de consumo por unidades, não devem ser desconsiderados em um processo de orçamentação, principalmente porque eles constituem cada vez mais o maior montante de gastos da empresa.

Os CIFs estimados para o volume de produção programado constam no **orçamento do custo indireto de fabricação**. Os CIFs da empresa Pipoca Ltda. constam na Tabela 4.10 a seguir:

Tabela 4.10 – Orçamento de custo indireto de fabricação (CIF)

Pipoca Ltda. Orçamento de custo indireto de fabricação exercício: 20Xx	
Salários indiretos de fábrica	R$ 151.900,00
Energia elétrica	R$ 66.200,00
Depreciação de fábrica e de equipamentos	R$ 28.400,00
Materiais indiretos	R$ 22.700,00
Manutenção	R$ 15.300,00
Seguro e imposto predial	R$ 14.500,00
Total	**R$ 299.000,00**

Os CIFs são divididos em **fixos** e **variáveis**. Os **CIFs variáveis** são aqueles que existem somente se houver a produção e, sendo assim, podem ser controlados pelo gestor. Tendem a ficar menores para cada unidade produzida quando são divididos por um volume maior de unidades fabricadas, permitindo ganhos em escala.

Os **CIFs fixos**, por sua vez, existirão independentemente da produção e do volume de produção que a empresa irá praticar, bem como tendem a se manter constantes.

A separação dos custos em fixos e variáveis permite que o gestor direcione sua atenção aos custos pelos quais é responsável e possa avaliar desempenhos.

4.2.2.4 Orçamento de Custo dos Produtos Vendidos (CPV) e de estoque final

O **Custo dos Produtos Vendidos (CPV)**, como o próprio nome indica, diz respeito ao valor gasto com a fabricação dos produtos que serão vendidos, incluindo o material direto, a mão de obra direta e o CIF.

Para encontrar o CPV, precisamos conhecer o custo de produção. O material direto e a mão de obra direta são alocados diretamente ao produto, sem necessidade de rateios. Os custos indiretos, no entanto, são comuns aos dois produtos, sendo necessários rateios para alocar a cada produto.

> Lembrando que os custos diretos são aqueles que permitem identificação com o produto, e os custos indiretos são aqueles que não possuem uma medida de associação direta com os produtos e, para serem alocados a estes, necessitam de rateios, estimativas e aproximações (Corbari; Macedo, 2012).

Tendo a quantidade estimada de produtos vendidos e o custo unitário de cada unidade, é fácil montar o orçamento total com custos indiretos de produção. Para encontrar o custo unitário dos produtos fabricados pela empresa Pipoca Ltda., será necessário alocar o material e a mão de obra direta para as linhas de produção dos produtos K e L. Porém, para a alocação dos custos indiretos, é preciso utilizar rateios.

Arbitrariamente, optou-se por ratear os custos indiretos da empresa Pipoca Ltda. aos produtos K e L na mesma proporção do volume produzido das respectivas linhas de produto. Nesse contexto, o produto que teve maior quantidade produzida recebeu maior proporção de custos indiretos, conforme apresentado a seguir:

Tabela 4.11 – Rateio dos custos indiretos

	Quantidade	Percentual	Custos indiretos
Produto K	7.000	58,33%	R$ 174.406,70
Produto L	5.000	41,67%	R$ 124.593,30
Total	**12.000**	**100%**	**R$ 299.000,00**

A Tabela 4.11 indica que 58,33% das quantidades produzidas foram do produto K, e 41,67% do produto L. Sendo assim, aplica-se esse mesmo percentual de custos indiretos a cada produto. O pressuposto é que a linha que produziu mais foi responsável por maior parte dos custos indiretos de fabricação.

Considerando o orçamento do material direto de produção, da mão de obra direta e dos custos indiretos de produção (rateados aos produtos na mesma proporção das quantidades produzidas), encontramos o **custo total de produção** para cada produto. Com isso, **para encontrar o custo unitário, é só dividir o custo total pelas quantidades produzidas**. O custo dos produtos da empresa Pipoca Ltda. está apresentado a seguir:

Tabela 4.12 – Custo unitário projetado

	Produto K	Produto L	Total
Material direto	R$ 2.054.500,00	R$ 1.175.000,00	R$ 3.229.500,00
Mão de obra direta	R$ 711.900,00	R$ 179.000,00	R$ 890.900,00
Custos indiretos de fabricação	R$ 174.406,70	R$ 124.593,30	R$ 299.000,00
Total	R$ 2.940.806,70	R$ 1.478.583,30	R$ 4.419.400,00
Quantidade	7.000	5.000	
Custo unitário (total/quantidade)	R$ 420,11	R$ 295,71	

Uma vez conhecido o custo de produção, o CPV é fácil de ser encontrado. Para isso, **basta multiplicar as unidades a serem vendidas pelo seu custo unitário de produção**, conforme indicado na Tabela 4.13 a seguir:

Tabela 4.13 – Orçamento de Custos dos Produtos Vendidos

Pipoca Ltda. Orçamento de custos dos produtos vendidos (CPV) exercício: 20XX			
	Quantidade projetada de vendas	Custo unitário de produção	Custo total dos produtos vendidos
Produto K	6.000	R$ 420,11	R$ 2.520.691,46
Produto L	3.000	R$ 295,71	R$ 887.155,98
Total			R$ 3.407.847,44

Imagine que parte da produção foi vendida e o restante ficou em estoque. A quantidade em estoque multiplicada pelo custo unitário de produção resulta no **orçamento de estoque final**, apresentado a seguir:

Tabela 4.14 – Orçamento de estoque final

Pipoca Ltda. Orçamento de estoque final exercício: 20XX			
	Quantidade projetada de estoque	Custo unitário de produção	Custo total dos produtos em estoque
Produto K	1.000	R$ 420,11	R$ 420.115,24
Produto L	2.000	R$ 295,71	R$ 591.437,32
Total			R$ 1.011.552,56

O orçamento de estoque final será considerado no Balanço Patrimonial (BP) projetado. Já o orçamento dos CIFs será utilizado na projeção do Demonstrativo do Resultado do Exercício (DRE).

4.2.3 Orçamento das despesas

Como vimos anteriormente, despesas são os gastos incorridos na manutenção da estrutura organizacional, ocorridos na gestão da empresa e na comercialização do produto. As referentes à comercialização do produto são classificadas como *despesas com vendas*, e as voltadas para a gestão da empresa são chamadas de *despesas administrativas*.

4.2.3.1 Orçamento das despesas com vendas

O **orçamento das despesas com vendas** refere-se a todos os gastos que viabilizam as vendas da empresa, incluindo as despesas com distribuição de amostras, propaganda, promoções, comissões de vendas, fretes, além das despesas fixas com salários dos vendedores, aluguel e energia do espaço, treinamento, entre outras.

A seguir, observe o orçamento das despesas com vendas da empresa Pipoca Ltda.

Tabela 4.15 – Orçamento de despesas com vendas

Pipoca Ltda. Orçamento de despesas com vendas exercício: 20XX	
Despesas com salários de vendedores	R$ 350.800,00
Despesas com propaganda	R$ 180.200,00
Despesas com comissão	R$ 100.000,00
Fretes sobre vendas	R$ 50.000,00
Total	**R$ 681.000,00**

As despesas com vendas são classificadas em *fixas* e *variáveis*, ou seja, há gastos que irão ocorrer independentemente da venda ou não de produtos, como os salários dos vendedores e outros que ocorrerão somente se houver a venda, como a comissão de vendedores.

A segregação das despesas com vendas em fixas e variáveis permite ao gestor conhecer o impacto no Fluxo de Caixa nos diversos volumes de vendas. Em tese, quanto mais se vende, mais despesas com comissão e fretes existirão e, sendo assim, maior será o desembolso. Por outro lado, as quedas nas vendas não representam menos gastos com salários dos vendedores; assim, quando há queda nas vendas, deve-se considerar que esses gastos existirão mesmo não havendo receitas para saldá-los.

4.2.3.2 Orçamento das despesas administrativas

O **orçamento das despesas administrativas** compreende as despesas necessárias à organização e à operação das atividades da empresa, incluindo os gastos com salários e encargos, treinamentos, viagens, consultorias etc., vinculados às atividades de recursos humanos, informática, compras, financeiras, controladoria, administração geral da empresa, entre outros.

A maioria das despesas são classificadas como fixas em relação ao nível de atividade da empresa, pois existirão independentemente da produção e da venda. Assim, conhecer esses gastos permite que o gestor fique atento para a queda das vendas, pois eles exigirão desembolsos. Esse orçamento permite, ainda, que o gestor saiba o impacto dos gastos administrativos em relação aos gastos totais e se deve ou não terceirizar algumas atividades.

Veja, a seguir, o orçamento das despesas administrativas da empresa Pipoca Ltda.:

Tabela 4.16 – Orçamento de despesas administrativas

Pipoca Ltda. Orçamento de despesas administrativas exercício: 20XX	
Despesas com salários dos executivos	R$ 60.800,00
Despesas com salários do pessoal administrativo	R$ 190.000,00
Despesas com aluguel do escritório	R$ 14.500,00
Despesas com depreciação do escritório	R$ 28.700,00
Despesas com suprimento do escritório	R$ 12.000,00
Despesas diversas	R$ 20.000,00
Total	**R$ 326.000,00**

Como você pode notar, a contabilidade é relevante para a elaboração do orçamento das despesas administrativas, assim como as despesas com vendas e do custeio, pois apresenta valores históricos relacionando o nível de operações com os correspondentes desembolsos, por exemplo: tributos sobre vendas, folha de pagamento, despesas gerais de produção, despesas administrativas e de vendas, despesas financeiras etc.

> A contabilidade, como fornecedora de informações regulares e acumuladas sobre desembolsos relativos a custos e despesas operacionais, é uma grande fonte histórica de dados para a projeção orçamentária desses gastos.

Com base no valor acumulado anual dos desembolsos, podemos prever a dinâmica futura dos gastos, incluindo:

- os efeitos da variação de preços sobre produtos e serviços consumidos na atividade operacional;
- as eventuais variações físicas ou quantitativas do consumo, relacionadas à expansão ou à redução de negócios; e
- subsídios para despesas novas que serão exigidas em função de novos produtos ou serviços a serem lançados.

Por fim, resta ainda atentar para novas despesas. Elas não surgem somente com a expansão dos negócios. Boa parte dos novos custos e das despesas empresariais relaciona-se com a obrigatoriedade de atendimento de legislação, a reestruturação operacional, a modernização ou outros itens que não implicam, necessariamente, novos negócios ou receitas.

O orçamento operacional influenciará diretamente as seguintes demonstrações projetadas: BP, DRE e Demonstração do Fluxo de Caixa (DFC).

4.3 Orçamento de investimentos e financiamentos

Além do orçamento operacional, há ainda mais dois orçamentos: o de **investimento** (aquisição de investimentos, imobilizados e intangíveis) e o de **financiamento**, conforme podemos observar na Figura 4.3, a seguir:

Figura 4.3 – Orçamentos operacional, de investimento e de financiamento

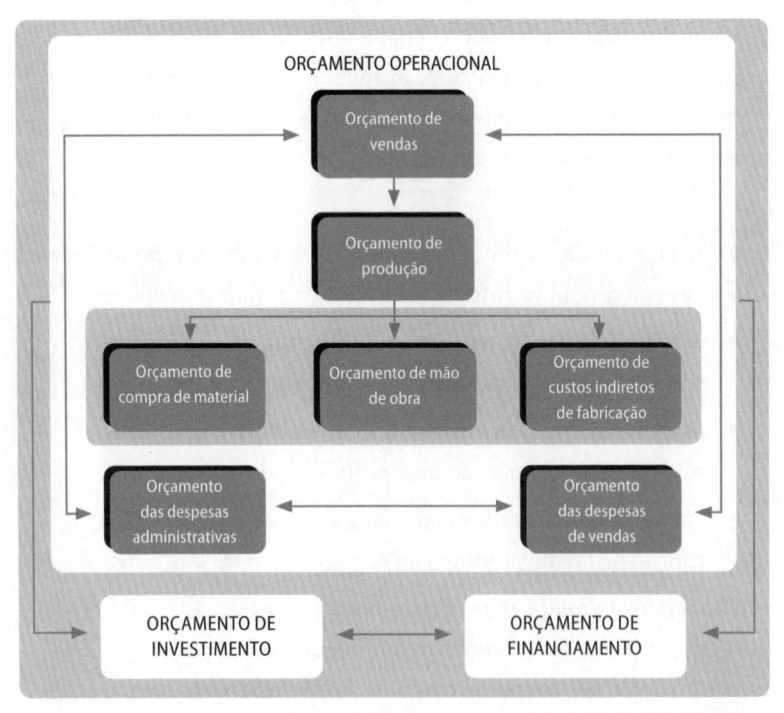

Fonte: Adaptado de Jiambalvo, 2002, p. 201.

O **orçamento de investimento** refere-se ao orçamento de aquisição de bens de capital para que a empresa possa desenvolver suas atividades operacionais – por isso ele está ligado diretamente ao orçamento operacional. Está ligado, também, ao orçamento de financiamento, pois os investimentos em ativos fixos poderão necessitar de financiamentos externos.

O **orçamento de financiamento** diz respeito ao orçamento de fontes de recursos externos de que a empresa necessitará para que possa investir em bens de capital na atividade operacional, e é por isso que ele está relacionado tanto ao orçamento de investimento quanto ao orçamento operacional.

Os orçamentos de investimento e de financiamento têm por objetivo fazer a orçamentação dos componentes do BP e da DRE que não foram contemplados no orçamento operacional.

4.3.1 Orçamento de investimento

O **orçamento de investimento**, também chamado de *orçamento de capital*, objetiva estimar os investimentos necessários para dar suporte a projetos de investimentos em novos produtos, plantas industriais e canais de distribuição, além dos investimentos em compras de equipamentos e em reformas nas instalações físicas.

De acordo com Sanvicente e Santos (1995), apenas as despesas decorrentes da aquisição com características de imobilizados[2] são consideradas no orçamento de capital. Já para Padoveze (2009), os investimentos em outras empresas também integram o orçamento de investimento. Segundo o autor, os itens que compõem o orçamento de investimentos são:

- a aquisição de investimentos em outras empresas;
- as vendas de investimentos em outras empresas;
- a aquisição de imobilizados;
- as vendas de imobilizados;

---

2 *Imobilizado* são máquinas, veículos, construções, modificações e transformações em caráter de melhoria ou reposição da capacidade produtiva ou de prestação de serviço.

- os gastos geradores de intangíveis;
- a baixa de ativos intangíveis; e
- a depreciação, a exaustão e a amortização das novas aquisições e baixas.

A empresa Pipoca Ltda. considerou que, para conseguir produzir as quantidades projetadas para venda, será necessário fazer um investimento em equipamentos de produção no valor de R$ 50.000,00.

Com base nessa informação, o orçamento de capital da empresa Pipoca Ltda. é o seguinte:

Tabela 4.17 – Orçamento de investimento

Pipoca Ltda. Orçamento de capital exercício: 20XX	
Aquisição de equipamentos para produção	R$ 50.000,00
Total	R$ 50.000,00

A expectativa da empresa é de que a aquisição dos equipamentos não seja financiada com fundos externos (empréstimos e financiamento), mas sim com as sobras de caixa do exercício. Sendo assim, o orçamento de capital da empresa não influenciará o orçamento de financiamento.

O orçamento de investimento visa subsidiar a estruturação do orçamento de caixa, além de auxiliar na estruturação do orçamento de financiamento quando a empresa deseja buscar fundos externos para financiar o seu investimento.

Esse orçamento influencia diretamente as demonstrações projetadas, mais especificamente no BP e na DFC projetados.

4.3.2 Orçamento de financiamento

O **orçamento de financiamento**, segundo Padoveze (2009), objetiva prever tudo o que for relacionado a obtenção de fundos, gastos para manutenção destes e pagamentos previstos. De acordo com o autor, devem compor o orçamento de financiamento os seguintes itens:

- Novos financiamentos ou fontes de fundos, suas despesas financeiras e desembolsos.
- Despesas financeiras e desembolsos dos financiamentos já existentes.
- Outras despesas financeiras, como as bancárias ou aquelas necessárias às atividades normais.
- Receitas financeiras decorrentes da aplicação do excedente de caixa.

Tendo em vista que a obtenção de fundos externos exigirá que a empresa devolva o principal e ainda pague uma remuneração pelo período em que ficou com dinheiro em seu poder, o gestor deverá prever, além das saídas de caixa pela devolução dos recursos emprestados, as despesas financeiras e bancárias.

Padoveze (2009) também expõe que a obtenção dos novos fundos, fundamentalmente, deveria estar ligada às necessidades de investimentos em ativos fixos. Porém, outras necessidades de fundos podem ocorrer, por exemplo: fundos para prover necessidades de aumento de capital de giro; programas estratégicos de propaganda; instalações ou atualizações dos canais de distribuição; atualização de sistemas de informações; projetos organizacionais de reestruturação; fusões; reestruturação do perfil das dívidas; e reformulação da estrutura de capital.

Considerando os conceitos descritos, o orçamento da empresa Pipoca Ltda. está apresentado a seguir, considerando que a empresa buscou empréstimos bancários no valor de R$ 150.000,00 – que serão pagos nos três primeiros meses do exercício seguinte e gerarão, no tempo que ficar com os recursos de terceiros, encargos financeiros de R$ 35.000,00 e despesas bancárias de R$ 7.000,00.

Tabela 4.18 – Orçamento das despesas financeiras

Pipoca Ltda. Orçamento das despesas financeiras exercício: 20xx		
Empréstimos bancários	Financiamento externo	Encargos
Encargos financeiros sobre empréstimos Despesas bancárias	R$ 150.000,00	R$ 35.000,00 R$ 7.000,00
Total		R$ 42.000,00

Em geral, há uma grande dificuldade de prever, com antecedência, quais os custos financeiros que incorrerão nas atividades. Para viabilizar tal programação, os gestores buscam as informações sobre os gastos dessa natureza incorridos no passado. Como já destacamos, os dados passados são obtidos junto à contabilidade e servem para ajudar nas projeções futuras.

As despesas financeiras, apesar de difíceis de prever, não devem ser desconsideradas no planejamento futuro, pois podem apresentar reflexos significativos no Fluxo de Caixa. Para que possamos obter um cálculo mais aproximado do montante das despesas financeiras, devemos projetar a DFC, visando identificar necessidades de financiamentos e empréstimos de capital de giro e investimentos fixos (imobilizados).

Além das despesas financeiras, poderão existir receitas financeiras, resultantes da aplicação das disponibilidades momentâneas de caixa. A empresa Pipoca Ltda. investirá os recursos no mercado financeiro e, com isso, obterá R$ 12.000,00 de rendimentos em aplicação financeira. Com essa informação, o **orçamento das receitas financeiras** da empresa fica estruturado da seguinte forma:

Tabela 4.19 – Orçamento das receitas financeiras

Pipoca Ltda. Orçamento das receitas financeiras exercício: 20XX	
Aplicação financeira	R$ 12.000,00
Total	R$ 12.000,00

As receitas financeiras devem compor o orçamento da empresa, pois representarão fluxos de caixa positivos, impactando nos seguintes demonstrativos financeiros: BP, DRE e DFC projetados.

Para que possamos obter um cálculo mais aproximado do montante das receitas financeiras decorrente da aplicação das disponibilidades de caixa, devemos projetar a DFC a fim de verificar as sobras de caixa que poderão investidas, mesmo que momentaneamente.

4.4 Orçamento geral

O orçamento geral apresenta de forma sintetizada os orçamentos anteriores (operacional, de investimento e de financiamento) e serve como base para gerar a DRE projetada.

Observe, a seguir, o orçamento geral da empresa Pipoca Ltda.:

Tabela 4.20 – Orçamento geral

Pipoca Ltda. Orçamento geral exercício: 20XX	
Orçamento Operacional	
Orçamento de Vendas	R$ 8.400.000,00
Orçamento de Custos de Produção	R$ 4.419.400,00
Orçamento de Material Direto	R$ 3.229.500,00
Orçamento de Mão de Obra Direta	R$ 890.900,00
Orçamento de Custos Indiretos de Fabricação	R$ 299.000,00
Orçamento das Despesas com Vendas	R$ 681.000,00
Orçamento das Despesas Administrativas	R$ 326.000,00
Total	**R$ 2.973.600,00**
Orçamento de Investimento	
Aquisição de Equipamentos para Produção	R$ 50.000,00
Total	**R$ 50.000,00**
Orçamento de Financiamento	
Despesas Financeiras	R$ 42.000,00
Receitas Financeiras	R$ 12.000,00
Total	**R$ 30.000,00**
Superávit	**R$ 2.893.600,00**

Embora o orçamento de capital não influencie a DRE projetada, ele interfere no BP e na DFC projetados, pois representa, no primeiro momento, um passivo e, no segundo momento, desembolsos futuros.

Síntese

O orçamento é elaborado considerando três atividades distintas: orçamento operacional, orçamento de investimento e orçamento de financiamento.

O orçamento operacional está relacionado às operações da empresa e abrange as áreas administrativa, comercial e de produção de uma organização. Tem como objetivo confrontar as receitas decorrentes da operação da empresa com seus respectivos gastos, a fim de verificar qual é o lucro resultante da missão institucional.

A primeira peça orçamentária que deve ser elaborada é o orçamento de vendas, que deverá conter, entre outras informações, a quantidade a ser vendida e o preço médio esperado na venda. A segunda peça que compõe o orçamento operacional é o orçamento de produção, que objetiva, além de prever os gastos necessários para atender às vendas esperadas, manter um estoque desejado, incluindo os custos com material direto, mão de obra direta e CIFs. Outra peça que faz parte desse orçamento são as despesas administrativas e de vendas – os gastos necessários para a gestão do negócio e a comercialização do produto.

O orçamento de investimento compreende todas as entradas e as saídas de recursos decorrentes de aquisição e venda de investimentos, imobilizados e intangíveis. Por estar relacionado aos ativos fixos da empresa, também é conhecido como *orçamento de capital*. Quando a empresa busca fundos para financiar seus investimentos, esse orçamento subsidia a estruturação do orçamento de financiamento. Este, como o próprio nome indica, está relacionado à obtenção de fundos para financiar a aquisição de ativos fixos ou a própria manutenção das atividades operacionais da entidade. Esse orçamento abrange tanto os fluxos de entradas dos empréstimos e financiamentos quanto os custos com a sua manutenção.

Questões para revisão

1. Qual a diferença entre os orçamentos operacional, de investimento e de financiamento?

2. Como é composto o orçamento operacional?

3. O orçamento operacional é um plano no qual são fixadas metas específicas das atividades operacionais da empresa e que resulta na elaboração das seguintes peças:
    I. Orçamento de vendas, orçamento de custos e orçamento de despesas (administrativas e de vendas).
    II. Orçamento de caixa e Balanço Patrimonial projetado.
    III. Orçamento operacional, orçamento de investimento e orçamento de financiamento.
    IV. Orçamento de receita e despesas e Demonstração do Fluxo de Caixa projetado.
    É correto afirmar que:
    a) apenas a afirmativa I está correta.
    b) apenas as afirmativas I e III estão corretas.
    c) apenas as afirmativas II e IV estão corretas.
    d) apenas a afirmativa III está correta.

4. Quanto ao orçamento de investimento:
    I. Resulta das peças de orçamento de vendas, dos custos e das despesas.
    II. Corresponde às entradas e às saídas decorrentes das atividades operacionais que permitem apurar os déficits ou superávits, a fim de obter fundos para financiar as atividades.

III. Abarca as despesas e as receitas financeiras decorrentes de financiamentos dos ativos fixos.
IV. Abrange todos os investimentos feitos na empresa em equipamentos, novas plantas industriais, novos canais de distribuição e novos produtos.

Em relação às afirmativas anteriores, é correto afirmar que:
a) apenas as afirmativas I e II estão corretas.
b) apenas as afirmativas II e IV estão corretas.
c) apenas a afirmativa III está correta.
d) apenas a afirmativa IV está correta.

5. Quanto ao orçamento de financiamento:
   I. Diz respeito aos investimentos a serem feitos na empresa em função da ampliação ou da melhoria da capacidade produtiva.
   II. Corresponde às entradas decorrentes da obtenção de empréstimos ou financiamentos e seus respectivos custos de manutenção.
   III. Abrange as despesas financeiras decorrentes de empréstimos e as receitas financeiras.
   IV. Não inclui os fundos obtidos para financiar a atividade operacional da empresa.

Em relação às afirmativas anteriores, é correto afirmar que:
a) apenas as afirmativas II e III estão corretas.
b) apenas a afirmativa I está correta.
c) apenas as afirmativas I e IV estão corretas.
d) todas as afirmativas estão corretas.

Questão para reflexão

Um orçamento mal projetado pode apresentar dificuldades no momento da sua execução? Se sim, quais?

Saiba mais

Indicamos estes textos como complemento para seus estudos. A leitura deles lhe propiciará maior conhecimento sobre a estrutura do orçamento empresarial e sua utilização na prática empresarial.

SIMAS, F. K.; COSTA, A. M.; MORITZ, G. de O. Um estudo sobre a organização e o desenvolvimento do processo orçamentário em empresas de tecnologia de Florianópolis. **Revista de Ciências da Administração,** Florianópolis, v. 10, n. 21, p. 197-219, maio/ago. 2008. Disponível em: <https://periodicos.ufsc.br/index.php/adm/article/view/2175-8069.2008v10n21p197/12671>. Acesso em: 5 set. 2013.

NASCIMENTO, A. R. do. Avaliação do orçamento como instrumento de controle de gestão: um estudo de caso em uma indústria de fertilizantes. In: SIMPÓSIO DE ENGENHARIA DE PRODUÇÃO. 12., 2006, Bauru. **Anais...** Bauru. Simpep, 2006. Disponível em: <http://antigo.feb.unesp.br/dep/simpep/anais/anais_13/artigos/1246.pdf>. Acesso em: 27 jan. 2013.

Relatórios contábeis projetados[1]

[1] Alguns trechos deste capítulo foram extraídos e adaptados de Corbari e Macedo (2012).

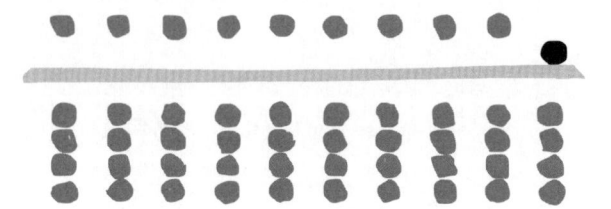

Conteúdos do capítulo:

- Demonstração do Resultado do Exercício (DRE) projetada.
- Demonstração do Fluxo de Caixa (DFC) projetada.
- Balanço Patrimonial (BP) projetado.

Após o estudo deste capítulo, você será capaz de:

1. entender como se constrói a Demonstração do Resultado do Exercício (DRE) projetada;
2. projetar um Fluxo de Caixa com base nos orçamentos de receitas, despesas, custos e investimentos;
3. estruturar o Balanço Patrimonial (BP) projetado.

Conforme apresentado no Capítulo 3, o objetivo das demonstrações contábeis é, além de fornecer informações úteis a um grande número de usuários em suas avaliações e tomadas de decisão econômica sobre as posições patrimonial e financeira da empresa, apresentar os resultados da atuação da administração na gestão da entidade, bem como sua capacitação na prestação de contas quanto aos recursos que lhe foram confiados (CPC, 2013).

A projeção das demonstrações contábeis é feita com base nos orçamentos operacional, de investimento e de financiamento, trabalhados no capítulo anterior. De posse dessas informações, neste capítulo abordaremos os demonstrativos contábeis projetados, resultantes das informações contidas no processo orçamentário.

5.1 Demonstrativos contábeis

Para Iudícibus e Marion (2007), os demonstrativos contábeis são gerados pela contabilidade após efetuada a escrituração contábil e representam a posição patrimonial e financeira da entidade em dado momento.

Como você pode perceber, as demonstrações contábeis são peças importantes para a tomada de decisão dos gestores das entidades, visto que servem como elemento de orientação para os usuários das informações contábeis tomarem suas decisões.

E quem são esses usuários?

São pessoas físicas ou jurídicas que utilizam, direta ou indiretamente, as informações fornecidas pela contabilidade, a fim de estar em condições de tomar determinadas decisões econômicas, como manter ou vender seus investimentos na entidade e reeleger ou substituir a administração vigente.

As demonstrações projetadas fornecem ao gestor uma visão antecipada dos resultados financeiros decorrentes das estratégias traçadas e permitem que ele avalie como será o futuro da empresa conforme a ação a ser tomada. Por meio das simulações, várias alternativas podem ser verificadas até se chegar ao melhor cenário.

Para Fomm (2004, citado por Bernardinelli et al., 2007, p. 7), a simulação dos demonstrativos objetiva:

> possibilitar aos usuários a visualização dos inter-relacionamentos das ações passíveis de serem tomadas, bem como permitir o aprimoramento do processo decisório por meio da avaliação e quantificação dos impactos das principais decisões empresariais. [...] A simulação busca estabelecer um conjunto de processos para maximizar desempenho e minimizar falhas no cenário futuro.

Schubert (2005) corrobora, ao afirmar que as previsões orçamentárias permitem que a empresa examine exaustivamente todas as variáveis que poderão ocorrer, porém não eliminam a possibilidade da existência de imprevistos – os quais não podem ser confundidos com falta de planejamento. Essas simulações, conforme aponta Fomm (2004, citado por Bernardinelli, 2007), auxiliam na redução de decisões meramente intuitivas.

Comentamos, no Capítulo 4, que o plano orçamentário contempla três grandes segmentos: 1) o orçamento operacional; 2) os orçamentos de investimento e financiamento; e 3) os demonstrativos contábeis projetados.

A Figura 5.1 ilustra a inter-relação desses segmentos:

Figura 5.1 – Plano orçamentário e seus segmentos

```
ORÇAMENTO OPERACIONAL
    Orçamento de vendas
        Orçamento de produção
            Orçamento de compra de material
            Orçamento de mão de obra
            Orçamento de custos indiretos de fabricação
        Orçamento das despesas administrativas
        Orçamento das despesas de vendas
    Orçamento de investimento
    Orçamento de financiamento

Demonstração do Resultado do Exercício (DRE) projetada
Orçamento de caixa
Balanço Patrimonial (BP) projetado
```

FONTE: Adaptado de Jiambalvo, 2002, p. 201.

As demonstrações contábeis projetadas que integram o planejamento orçamentário são: a Demonstração do Resultado do Exercício (DRE), o orçamento de caixa obtido pela Demonstração do Fluxo de Caixa (DFC) e o Balanço Patrimonial (BP). Analisaremos, a seguir, em que consiste cada um desses processos.

5.1.1 Demonstração do Resultado do Exercício (DRE) projetada

A DRE é um dos principais relatórios contábeis e tem caráter obrigatório nos termos do art. 187 da Lei n. 6.404/1976 (Brasil, 1976) e do CPC 26 (R1) (CPC, 2013). Essa demonstração mostra o resultado da empresa após o encerramento de cada exercício social, indicando o lucro ou o prejuízo obtido.

Figura 5.2 – Elementos que compõem a Demonstração do Resultado do Exercício (DRE)

RECEITA — menos — CUSTOS / DESPESAS — igual — LUCRO / PREJUÍZO

A DRE evidencia a capacidade econômica que a entidade possui de gerar e consumir recursos na realização de suas atividades. Sua apuração se dá pela confrontação das receitas auferidas contra os custos e as despesas incorridos, conforme ilustrado na Figura 5.3 a seguir:

Figura 5.3 – Representação gráfica da Demonstração do Resultado do Exercício (DRE)

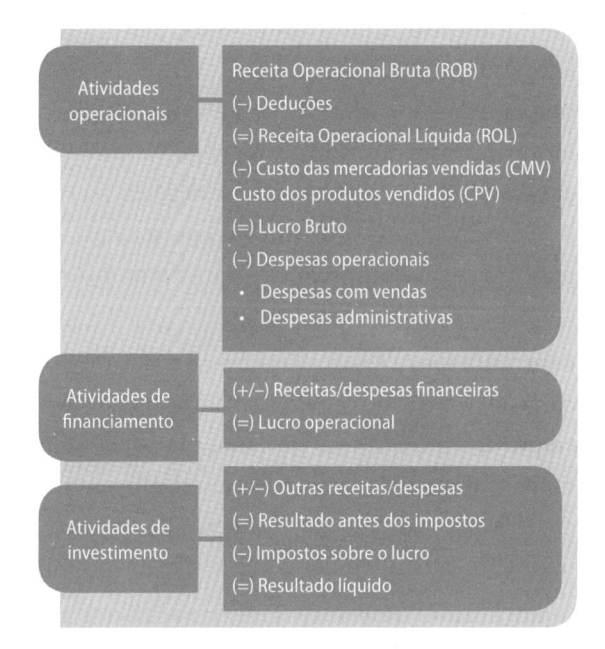

Atividades operacionais
- Receita Operacional Bruta (ROB)
- (−) Deduções
- (=) Receita Operacional Líquida (ROL)
- (−) Custo das mercadorias vendidas (CMV)
- Custo dos produtos vendidos (CPV)
- (=) Lucro Bruto
- (−) Despesas operacionais
  - Despesas com vendas
  - Despesas administrativas

Atividades de financiamento
- (+/−) Receitas/despesas financeiras
- (=) Lucro operacional

Atividades de investimento
- (+/−) Outras receitas/despesas
- (=) Resultado antes dos impostos
- (−) Impostos sobre o lucro
- (=) Resultado líquido

Observe que a DRE é separada em três grupos de receitas e despesas: 1) as ligadas à operação da empresa; 2) as decorrentes das atividades de financiamento da empresa; e, por fim, 3) as advindas de outras atividades – geralmente da atividade de investimento.

Para que você possa compreender melhor o que compõe essa demonstração, comentaremos um pouco o que representa cada grupo de contas:

- **Receita Operacional Bruta (ROB)** – São lançadas nessa conta as receitas obtidas com a venda de produtos ou serviços (advindas das operações da empresa).

- **Deduções** – Registram-se nesse grupo as despesas relacionadas a impostos sobre as vendas (ICMS[2], ISS[3], IPI[4]) e devoluções ou abatimentos de mercadorias.

---

2 Imposto sobre Operações relativas à Circulação de Mercadorias e sobre Prestações de Serviços de Transporte Interestadual e Intermunicipal e de Comunicação.
3 Imposto sobre Serviços de Qualquer Natureza.
4 Imposto sobre Produtos Industrializados.

- **Custo das Mercadorias Vendidas (CMV) ou Custo do Produto Vendido (CPV)** – Nessa conta, são lançados todos os gastos obtidos com compra de mercadorias vendidas ou com fabricação do produto.

- **Despesas Operacionais** – São lançados nessa conta os gastos decorrentes do esforço para gerar vendas (despesas com vendas) e para administrar o negócio, ou seja, gastos não vinculados às atividades operacionais voltadas para as vendas dos produtos e para a administração da empresa.

- **Receitas/Despesas Financeiras** – Nessa conta, registram-se os gastos vinculados às atividades de financiamento da empresa, como despesas bancárias e juros sobre empréstimos. São lançadas, também, as receitas financeiras obtidas das atividades de financiamento da empresa, como os rendimentos advindos da aplicação financeira.

- **Outras Receitas/Despesas** – Registram-se nesse grupo as despesas não relacionadas às atividades principais da empresa, chamadas de *despesas não operacionais*, como a perda com imobilizado e a venda de investimentos. São lançadas, também, as receitas não operacionais voltadas para as atividades de investimentos, como os ganhos com as vendas de imobilizado e de investimentos.

- **Impostos sobre o lucro** – Registram-se nesse grupo as despesas relacionadas a impostos (IR[5], CSLL[6]) sobre o lucro da empresa.

Após deduzir todos os custos e as despesas da receita auferida pela empresa, obtemos o resultado da DRE, que poderá ser de lucro ou prejuízo. Esse resultado representa a capacidade de a empresa gerar e consumir recursos na realização de suas atividades operacionais, de investimentos e de financiamentos.

Visto que o objetivo da DRE consiste em evidenciar os componentes utilizados pela entidade para a formação do resultado

5 Imposto de Renda.
6 Contribuição Social sobre o Lucro Líquido.

em determinado exercício, a DRE projetada visa orçar o resultado futuro considerando os orçamentos projetados.

Com o orçamento de vendas, os custos dos produtos vendidos (CPV), as despesas administrativas e de vendas combinadas aos dados sobre lucro, outras despesas e IR, podemos preparar a DRE projetada.

O Quadro 5.1 a seguir apresenta as contas da DRE projetada e a base do plano orçamentário:

Quadro 5.1 – Demonstração do Resultado do Exercício projetada e os segmentos do plano orçamentário

DEMONSTRAÇÃO DO RESULTADO DO EXERCÍCIO	SEGMENTO DO PLANO ORÇAMENTÁRIO
Receita Operacional Bruta (ROB)	Orçamento operacional
(–) Impostos sobre Vendas	Orçamento operacional
(=) Receita Operacional Líquida (ROL)	Orçamento operacional
(–) Custo dos Produtos Vendidos	Orçamento operacional
(=) Lucro Operacional Bruto	Orçamento operacional
(–) Despesas Operacionais	
Despesas com Vendas	Orçamento operacional
Despesas Administrativas	Orçamento operacional
(+/–) Receitas/Despesas Financeiras	
Receitas Financeiras de Aplicação	Orçamento de caixa
Outras Receitas Financeiras	Orçamento de financiamento
Despesas Financeiras	Orçamento de financiamento
Equivalência Patrimonial	Orçamento de caixa
(=) Resultado Operacional	Orçamento operacional
(+/–) Outras Receitas/Despesas	Orçamento de investimento
Valor da Venda do Imobilizado	Orçamento de investimento
(–) Valor da Baixa do Imobilizado	Orçamento de investimento
(=) Lucro Antes dos Impostos	
(–) Impostos sobre o Lucro	Orçamento de caixa
(=) Lucro Depois dos Impostos	
(–) Dividendos Propostos	Orçamento de caixa
(=) Lucro do Período	

Fonte: Adaptado de Padoveze, 2012, p. 263-264.

Observe que o orçamento operacional é o responsável pela maior parte de seus elementos – vai da Receita Operacional Bruta (ROB) até o Lucro Operacional Bruto. O orçamento de investimento é responsável apenas pelas contas do grupo e Outras Receitas/Despesas. Já o orçamento de financiamento inclui o orçamento das despesas financeiras e das receitas financeiras que não estão vinculadas às aplicações financeiras. Os demais itens são obtidos pelo orçamento de caixa, o qual se refere às projeções auferidas dos demonstrativos contábeis, método mais prático de projetar esses dados.

> O objetivo é que essa projeção do resultado operacional permita a análise da rentabilidade definida no planejamento estratégico, das receitas de vendas, do montante dos custos de produção e das despesas.

A Tabela 5.1 a seguir apresenta a DRE projetada da empresa Pipoca Ltda., tendo como base os orçamentos operacionais, de investimentos, de financiamento e de caixa:

Tabela 5.1 – Demonstração do Resultado do Exercício projetada

Pipoca Ltda. Demonstração projetada de resultado exercício: 20xx			
Receita Operacional Bruta (ROB)		R$ 8.400.000,00	Orçamento operacional
Receita de Vendas		R$ 8.400.000,00	
(–) Deduções		R$ 1.512.000,00	
(–) Impostos sobre Vendas		R$ 1.512.000,00	Orçamento de caixa
(=) Lucro Operacional Bruto		R$ 3.480.152,56	Orçamento operacional
(–) Despesas Operacionais		R$ 1.007.000,00	
Despesas com Vendas	R$ 681.000,00		
Despesas Administrativas	R$ 326.000,00		
(+/–) Outras Receitas/Despesas		R$ 30.000,00	
Receita de Aplicação Financeira	R$ 12.000,00		Orçamento de caixa
Despesas Bancárias e com Juros	R$ 42.000,00		Orçamento de financiamento
Lucro Antes do IR e CSLL		R$ 2.443.152,56	
(–) Impostos sobre o Lucro (33%)		R$ 806.240,35	
Lucro Líquido		R$ 1.636.912,21	Orçamento de caixa

Observe que os dados utilizados para montar a DRE projetada foram retirados dos orçamentos operacional, de caixa e de financiamento (apresentados no capítulo anterior).

Segundo Warren, Reeve e Fess (2008), como a DRE projetada resume as projeções de todos os orçamentos realizados, é possível avaliar os efeitos de cada um destes sobre o lucro anual. Isso permite a revisão dos planejamentos operacionais pela gerência caso o lucro líquido do orçamento seja baixo.

5.1.2 Orçamento de caixa

O **orçamento de caixa** (equivalente à DFC), um dos elementos mais importantes para a projeção do BP, mostra os recebimentos (as entradas de caixa) e os pagamentos (as saídas de caixa) esperados para um período (Warren; Reeve; Fess, 2008).

Lunkes (2007) afirma que o orçamento de caixa tem como objetivo garantir que a entidade tenha recursos financeiros suficientes para atender às atividades projetadas nas demais peças do orçamento.

As informações de orçamentos operacionais – administrativos, de vendas, de compras de material direto e de despesas de vendas – afetam o orçamento de caixa. Este também é afetado pelo orçamento de investimento, que trata do dispêndio de capital, e pelo orçamento de financiamento, que apresenta os planos de financiamento da empresa.

A Tabela 5.2 a seguir apresenta o orçamento de caixa projetado da empresa Pipoca Ltda., construído com base nos demais orçamentos.

Tabela 5.2 – Orçamento de caixa

PIPOCA LTDA. ORÇAMENTO DE CAIXA EXERCÍCIO: 20XX		
ENTRADAS		**R$ 8.562.000,00**
(+) À vista	**R$ 3.522.000,00**	
Receita de Vendas à Vista (40% das Vendas)	R$ 3.360.000.00	
Empréstimos Bancários	R$ 150.000,00	
Receita da Aplicação Financeira	R$ 12.000,00	
(+) A Prazo	**R$ 5.040.000,00**	
Receita de Vendas a Prazo (60% das Vendas)	R$ 5.040.000,00	
(–) Saídas		**R$ 7.779.540,3**
(–) Pagamento de Fornecedores	**R$ 3.264.200,00**	
Fornecedores de Matéria-Prima	R$ 3.229.500,00	
Fornecedores de Materiais Indiretos	R$ 22.700,00	
Suprimentos de Escritório	R$ 12.000,00	
(–) Pagamento de Salários	**R$ 1.744.400,00**	
Salários Mão de Obra Direta	R$ 890.900,00	
Salários Mão de Obra Indireta	R$ 151.900,00	
Salário de Pessoal de Vendas	R$ 450.800,00	
Salários de Pessoal Administrativo	R$ 250.800,00	
(–) Despesas Gerais	**R$ 402.700,00**	
Energia Elétrica	R$ 66.200,00	
Manutenção	R$ 15.300,00	
Seguro Predial	R$ 14.500,00	
Despesas com Propaganda	R$ 180.200,00	
Fretes sobre as Vendas	R$ 50.000,00	
Despesas com Aluguel	R$ 14.500,00	
Despesas Diversas	R$ 20.000,00	
Juros sobre Empréstimos	R$ 35.000,00	
Despesas Bancárias	R$ 7.000,00	
(–) Impostos	**R$ 2.318.240,35**	
Impostos sobre o Lucro	R$ 1.512.000,00	
Impostos sobre as Vendas	R$ 806.240,35	
(–) Investimentos	**R$ 50.000,00**	
Compra de Imobilizado	R$ 50.000,00	
SALDO EM CAIXA		**R$ 782.459,65**

Perceba que o orçamento de caixa apresentado considerou apenas as entradas e as saídas decorrentes de receitas e despesas das contas do exercício. Caso a empresa tivesse no BP duplicatas a receber, as entradas deveriam compor o orçamento de caixa, assim como o pagamento de passivos advindos do exercício anterior.

A projeção da DFC, por confrontar as entradas de caixa com as saídas previstas de caixa, permite apurar com antecedência as sobras ou as insuficiências de caixa, facilitando o processo decisório quanto à necessidade de aplicação ou captação de recursos e à definição de ações com a finalidade de utilizar os recursos financeiros de forma otimizada.

5.1.3 Balanço Patrimonial (BP) projetado

O significado da expressão *balanço* corresponde ao da palavra *balança*, objeto que, metaforicamente, representa o equilíbrio. Adaptando esse conceito para a contabilidade, o BP indica o equilíbrio entre as contas do Ativo, do Passivo e do Patrimônio Líquido (PL), conforme é ilustrado na Figura 5.4 a seguir:

Figura 5.4 – Ilustração do Balanço Patrimonial

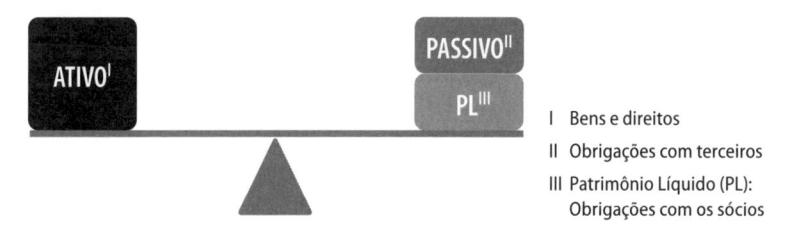

I Bens e direitos
II Obrigações com terceiros
III Patrimônio Líquido (PL): Obrigações com os sócios

Temos, assim, uma balança em que, de um lado, estão os ativos da empresa e, do outro, os passivos e o PL. O grupo do Ativo é composto pelos bens e direitos, o do Passivo representa as obrigações assumidas pela entidade com terceiros e o do PL indica as obrigações assumidas pela entidade com proprietários, sócios ou acionistas.

Para que você possa compreender melhor esses conceitos, a seguir comentaremos um pouco o que representam os componentes do BP:

- **Bens** – São as coisas úteis capazes de satisfazer as necessidades das pessoas e das empresas. Os bens que têm forma física e são palpáveis denominam-se *bens tangíveis*, por exemplo: veículos, imóveis, móveis e equipamentos. Os bens incorpóreos e não palpáveis são chamados de *bens intangíveis*, por exemplo: *softwares*, marcas e patentes.
- **Direito** – Consiste no poder de exigir alguma coisa de outro (bens ou dinheiro), por ser de sua propriedade. O dinheiro depositado em uma agência bancária é um direito, pois é um recurso da empresa em posse de terceiros.
- **Obrigações** – São dívidas que a empresa tem com outras pessoas, físicas ou jurídicas. Dívidas são denominadas *obrigação exigível* por serem um compromisso que será reclamado por quem de direito – na data do vencimento, serão exigidos seus pagamentos.

Mas como as contas estão organizadas no BP?

Os Ativos e Passivos devem ser classificados como, respectivamente, *circulante* e *não circulante*. Essa segregação dos elementos patrimoniais considera os atributos de conversibilidade (capacidade de conversão em dinheiro) dos Ativos e de exigibilidade (de pagamentos) dos Passivos.

A classificação do BP, conforme a Lei n. 6.404/1976, atualizada pelas leis n. 11.638/2007 e n. 11.941/2009, é a seguinte:

Quadro 5.2 – Balanço Patrimonial (BP)

ATIVO	PASSIVO
Ativo Circulante	**Passivo Circulante**
Ativo Não Circulante	**Passivo Não Circulante**
Realizável a Longo Prazo Investimentos Imobilizados Intangíveis	**Patrimônio Líquido**

As contas do Ativo apresentam-se organizadas de acordo com o seu grau de liquidez – capacidade das contas em se converterem mais rapidamente em moeda –, tendo a seguinte disposição:

Ativo Circulante – Classificam-se as contas disponíveis e realizáveis a curto prazo, as quais representam bens e direitos conversíveis em moedas dentro do mesmo exercício social, como os estoques e as contas a receber de clientes.

Ativo Não Circulante – Classificam-se nesse grupo todas as contas que não foram classificadas no Ativo Circulante. Elas são divididas em:

- **Realizável a Longo Prazo**: Apresentam os direitos cuja conversão em moeda ultrapassa um exercício social, como contas e empréstimos a receber em prazo superior a 12 meses.

- **Investimentos**: É classificada nessa conta a designação de capital para fins de rendimentos, como investimentos em outras empresas e em imóveis para locação.

- **Imobilizados**: Enquadram-se nesse grupo os bens e valores permanentes ligados à atividade operacional da empresa, como maquinários, equipamentos e veículos utilizados na operação da empresa.

- **Intangíveis**: Classificam-se nesse grupo bens e diretos intangíveis da empresa, como marcas, patentes e *softwares*.

As contas do Passivo, por sua vez, são organizadas de acordo com o seu grau de exigibilidade, isto é, com o que será exigido pelos credores, tendo a seguinte disposição:

Passivo Circulante – Classificam-se nesse grupo as contas que representam obrigações com vencimentos a curto prazo (em até 12 meses), como fornecedores, salários a pagar e energia elétrica.

Passivo Não Circulante – Nesse grupo, são lançadas as contas que representam obrigações com vencimentos a longo prazo (superiores a um exercício social), como empréstimos e financiamentos.

Patrimônio Líquido (PL) – Trata-se do grupo que representa os valores do capital próprio da empresa, pois se refere ao valor residual da diferença entre os bens e direitos deduzidos as obrigações da empresa. São classificados nesse grupo o capital social investido pelos sócios e os lucros obtidos pela empresa.

> O BP, principal demonstração contábil, apresenta informações patrimoniais das entidades em determinado momento. Os dados são considerados estáticos, visto que esse demonstrativo representa uma situação em determinado momento da entidade.

Com as informações geradas pelos orçamentos operacionais e financeiros, acrescidas das informações com a aquisição de Ativos, podemos elaborar o BP projetado.

A projeção do BP permite a apuração dos indicadores financeiros[7] que poderão ser utilizados nos processos de análise e avaliação da proposta orçamentária e segue a mesma estrutura de um BP elaborado pela contabilidade financeira para a apuração da situação patrimonial ao final do período.

O BP orçado combina uma estimativa do balanço no início do período com o orçamento operacional, materializado na DRE orçada, e com o orçamento de investimentos (aquisição de ativos) e de financiamento (empréstimos). A finalidade é gerar informações sobre os aspectos de endividamento, disponibilidades financeiras decorrentes dos investimentos em ativos de longo prazo.

---

7 Esse conceito será abordado no Capítulo 6.

O Quadro 5.3, a seguir, apresenta as contas do BP e a base do plano orçamentário:

Quadro 5.3 – Balanço Patrimonial e segmentos do plano orçamentário

Balanço Patrimonial (BP)	Segmento do plano orçamentário
Ativo Circulante	
Caixa/Banco	Orçamento de caixa
Aplicação Financeira	Orçamento de caixa
Contas a Receber de Clientes	Orçamento operacional
Estoque	Orçamento operacional
Impostos a Recuperar	Orçamento de caixa
Despesas do Exercício Seguinte	Orçamento de caixa
Ativo Não Circulante	
Realizável a Longo Prazo	Orçamento de caixa
Investimentos	Orçamento de investimentos
Imobilizado	Orçamento de investimentos
Intangível	Orçamento de investimentos
Ativo Total	
Passivo circulante	
Fornecedores	Orçamento operacional
Salários e Encargos a Pagar	Orçamento de caixa
Contas a Pagar	Orçamento de caixa
Impostos a Recolher (sobre mercadoria)	Orçamento operacional
Impostos a Recolher (sobre o lucro)	Orçamento de caixa
Adiantamento a Clientes	Orçamento de caixa
Empréstimos	Orçamento de financiamento
Dividendos a Pagar	Orçamento de caixa
Passivo Não Circulante	
Financiamento	Orçamento de financiamento
Patrimônio Líquido	
Capital Social	Orçamento de financiamento
Reserva de Capital	Orçamento de caixa
Reserva de Reavaliação	Orçamento de caixa
Reserva de Lucros	Orçamento de caixa
Passivo Total	

Fonte: Adaptado de Padoveze, 2012, p. 264-265.

Como você pôde visualizar no quadro, as contas do BP relacionadas à operação da empresa são extraídas do orçamento operacional. O orçamento de investimentos, por sua vez, liga-se ao Ativo Não Circulante – exceto as contas realizáveis a longo prazo, que podem ser localizadas tanto no orçamento de investimento (se forem relevantes) ou deixadas como um item da projeção (se não forem significativas). Já o orçamento de financiamento está relacionado às entradas e às saídas de capital, bem como aos financiamentos e aos empréstimos.

As contas indicadas como *orçamento de caixa* foram extraídas dos fechamentos das projeções, porém muitas delas também podem ser extraídas do orçamento operacional. A decisão de onde retirar as informações depende da relevância das contas e da facilidade de sua identificação ou não no orçamento operacional.

Para melhor compreensão desses conceitos, retomaremos o exemplo utilizado anteriormente. Veja a seguir, na Tabela 5.3, o BP inicial da empresa Pipoca Ltda.

Tabela 5.3 – Balanço Patrimonial inicial

Pipoca Ltda. Balanço patrimonial inicial exercício: 20XX	
ATIVO	
Ativo circulante	**R$ 200.000,00**
Caixa/banco	R$ 200.000,00
Ativo não circulante	**R$ 800.000,00**
Imobilizado	R$ 800.000,00
TOTAL	**R$ 1.000.000,00**
PASSIVO	
Patrimônio Líquido (PL)	**R$ 1.000.000,00**
Capital social	R$ 1.000.000,00
TOTAL	**R$ 1.000.000,00**

Partindo do BP inicial da empresa Pipoca Ltda., acrescido das movimentações ocorridas nos orçamentos operacional, de investimento, de financiamento, de caixa e na DRE projetada, temos o seguinte BP projetado:

Tabela 5.4 – Balanço Patrimonial projetado

Pipoca Ltda.
Balanço patrimonial projetado
exercício: 20XX

ATIVO		
Ativo circulante	**R$ 9.773.552,56**	
Caixa/banco 1	R$ 3.722.000,00	→ Orçamento de caixa
Duplicatas a receber (60%)	R$ 5.040.000,00	→ Orçamento empresarial
Estoque	R$ 1.011.552,56	→ Orçamento operacional
Ativo não circulante	**R$ 792.900,00**	
Imobilizado	R$ 850.000,00	→ Orçamento de investimento
(-) Depreciação	R$ (57.100,00)	→ Orçamento operacional
TOTAL	**R$ 10.566.452,56**	
PASSIVO		
Passivo circulante	**R$ 7.779.540,35**	
Fornecedores 2	R$ 3.264.200,00	
Títulos a pagar	R$ 50.000,00	Orçamento
Salários a pagar 3	R$ 1.744.400,00	operacional/de caixa
Contas a pagar 4	R$ 402.700,00	
Impostos a pagar s/ lucro	R$ 806.240,35	Orçamento de
Impostos a pagar s/ vendas	R$ 1.512.000,00	caixa/resultado
Passivo não circulante	**R$ 150.000,00**	
Empréstimo LP	R$ 150.000,00	→ Orçamento de financiamento
Patrimônio Líquido	**R$ 2.636.912,21**	
Capital social	R$ 1.000.000,00	
Lucro retido	R$ 1.636.912,21	
TOTAL	**R$ 10.566.452,56**	→ Resultado

De acordo com Warren, Reeve e Fess (2008), essa demonstração estima a condição financeira da entidade ao final do período e parte do pressuposto de que os orçamentos operacional, de investimento e de financiamento foram plenamente atingidos.

A projeção do BP permite conhecer com antecedência a situação patrimonial da empresa resultante das atividades programadas, mostrando a viabilidade ou não dos planos.

Síntese

Após elaborar os planos orçamentários, é possível efetuar a projeção das demonstrações contábeis. Entre elas, integram a peça orçamentária: a DRE, a DFC e o BP projetados.

A DRE projetada tem como objetivo apurar o resultado econômico da empresa por meio da confrontação das receitas com os custos e as despesas previstas. Os resultados possíveis são lucros ou prejuízos.

Por sua vez, a DFC projetada visa assegurar que os recursos monetários sejam suficientes para atender às operações programadas pela empresa. Em sua apuração, constam as entradas programadas de caixa confrontadas com as saídas previstas. O resultado é quanto sobra de caixa – se houver sobras, poderá ser programado um investimento desse valor; se houver insuficiência de caixa, a empresa poderá rever o plano, adequando os fluxos ou prever a busca de fundos externos a fim de financiar as atividades.

Por fim, o BP projetado permite a informação antecipada da situação patrimonial caso os planos ocorram da forma programada. Com base nesse demonstrativo, é possível apurar os indicadores financeiros que permitirão avaliar a viabilidade ou não da proposta orçamentária.

Questões para revisão

1. Explique a diferença entre as seguintes demonstrações projetadas: Demonstração do Resultado do Exercício, Demonstração do Fluxo de Caixa e Balanço Patrimonial.

2. Entre os orçamentos operacionais, de investimento e de financiamento, qual influencia mais as demonstrações projetadas?

3. Analise as afirmativas a seguir sobre as demonstrações financeiras projetadas.
    I. A Demonstração do Fluxo de Caixa projetada apresenta previamente ao gestor o resultado econômico da empresa.
    II. A Demonstração do Resultado do Exercício projetada permite a visualização antecipada dos fluxos de entradas e saídas de caixa.
    III. O Balanço Patrimonial projetado apresenta o resultado patrimonial decorrente da execução dos orçamentos.
    IV. As demonstrações contábeis projetadas permitem que o gestor avalie a viabilidade ou não dos planos orçamentários.

    Em relação às afirmativas apresentadas, é correto afirmar que:
    a) apenas as afirmativas I e III estão corretas.
    b) apenas as afirmativas I e II estão corretas.
    c) apenas as afirmativas III e IV estão corretas.
    d) todas as afirmativas estão corretas.

4. O Fluxo de Caixa projetado permite ao gestor:
    I. avaliar os fluxos e entrada e saída de caixa decorrente da execução dos planos orçamentários.
    II. avaliar a necessidade de fluxos de caixa externos para financiar as atividades operacionais da empresa.
    III. avaliar a necessidade de financiamento para adquirir ativos fixos.
    IV. avaliar o lucro ou prejuízo da empresa decorrente da execução dos planos orçamentários.

    É correto afirmar que:
    a) apenas as afirmativas I, II e III estão corretas.
    b) apenas as afirmativas II e III estão corretas.
    c) apenas as afirmativas I e IV estão corretas.
    d) apenas as afirmativas III e IV estão corretas.

5. A Demonstração do Resultado do Exercício projetado contribui para o processo decisório, pois permite:
   i. avaliar se o resultado decorrente da execução orçamentária é satisfatório, ou seja, se apresenta a lucratividade desejada pela empresa.
   ii. avaliar os fluxos de entrada e saída de caixa decorrentes da execução dos planos orçamentários.
   iii. em caso de prejuízo, rever o plano de vendas em relação aos preços esperados e ao mercado a ser atingido.
   iv. somente em caso de prejuízo, rever os planos orçamentários de custos e de despesas na busca da eficiência operacional.

   É correto afirmar que:
   a) apenas as afirmativas ii e iii estão corretas.
   b) apenas as afirmativas i e iii estão corretas.
   c) apenas as afirmativas i e iv estão corretas.
   d) apenas as afirmativas iii e iv estão corretas.

Questão para reflexão

As demonstrações projetadas permitem avaliar antecipadamente os resultados financeiros da empresa. Você acha isso relevante para o processo decisório?

Saiba mais

Indicamos o texto a seguir para complementar seus estudos. Essa leitura lhe propiciará mais conhecimento sobre o orçamento e os demonstrativos financeiros projetados, permitindo-lhe uma reflexão da contribuição ao processo gerencial.

SILVA, A. C. da. **Proposta de um orçamento empresarial para prestadores de serviço:** um estudo de caso de uma empresa que desenvolve programas para computador. 42 f. Monografia (Bacharelado em Ciências Contábeis) – Universidade Federal de Santa Catarina, Florianópolis, 2002. Disponível em: <http://www.flaviodacruz.cse.ufsc.br/Conteudo/2002_ANA_CLAUDIA_DA_SILVA.pdf>. Acesso em: 27 jan. 2013.

Análise dos indicadores econômicos e financeiros de projetos empresariais

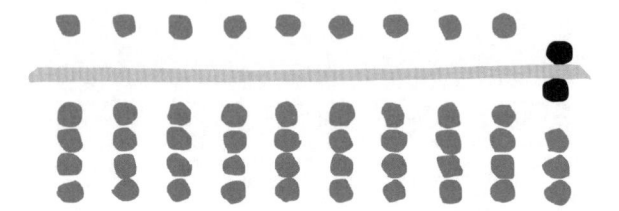

Conteúdos do capítulo:

- Demonstrações contábeis.
- Análise por meio dos indicadores contábeis.
- Indicadores de liquidez, de endividamento, de rentabilidade e de atividade.

Após o estudo deste capítulo, você será capaz de:

1. avaliar as condições econômicas e financeiras de uma organização;
2. analisar a estrutura organizacional, bem como a forma de composição do capital e a estrutura de financiamento;
3. avaliar a situação econômica da empresa em relação ao retorno de capital investido;
4. analisar a situação da empresa em relação ao recebimento de suas vendas.

A análise de rentabilidade de um projeto de investimento necessariamente deve fazer uso, no mínimo, da análise da Taxa Interna de Retorno (TIR) comparada à taxa mínima de atratividade (TMA). Além da análise de viabilidade econômica, é necessário analisar os índices financeiros com base nas demonstrações contábeis do projeto de investimentos.

As análises econômica e financeira dos indicadores apresentam-se como importantes ferramentas de apoio para a tomada de decisão. Por meio delas, é possível transformar os dados financeiros em informações de natureza gerencial. Elas são suportadas por relatórios ou demonstrativos contábeis, que, mediante indicadores, proporcionam a fundamentação para que os seus objetivos sejam alcançados. Veja, a seguir, o aprofundamento desses conceitos.

6.1 Análise das demonstrações contábeis por indicadores

Para Vieira e Santos (2005), a utilização de índices na análise econômico-financeira é uma técnica que permite uma visão ampla da realidade e da situação financeira da organização, sendo que eles podem ser adotados com o intuito de investigar as mais diversas potencialidades de desempenho econômico-financeiro, por exemplo: liquidez do patrimônio líquido, grau de endividamento, estrutura do capital, entre outras.

Fundamentado nas informações financeiras, o tomador de decisão poderá, por meio de relatórios, transformar os coeficientes em quocientes e então realizar a melhor estratégia a ser adotada. Nessa óptica, Odorcik, Olivo e Schvirck (2010) defendem que a análise correta resulta num maior conhecimento sobre os aspectos econômicos e financeiros da empresa e, portanto, mais conhecimento sobre a viabilidade econômica do negócio.

As análises de indicadores são desenvolvidas com base nas demonstrações projetadas e têm como finalidade avaliar a situação esperada da empresa. Assim, com base na Demonstração do Resultado do Exercício (DRE) e no Balanço Patrimonial (BP) projetados, é possível calcular vários índices (lucratividade, liquidez, rentabilidade, endividamento etc.) para avaliar o desempenho da empresa.

As demonstrações contábeis são formadas por um conjunto de informações, algumas obrigatórias por lei, outras desenvolvidas pela empresa, que objetivam evidenciar a situação da empresa ou investimento.

A análise das demonstrações contábeis está dividida em duas categorias:

1. **Análise econômica** – Permite a interpretação das variações do patrimônio e da riqueza gerada pela sua movimentação.

2. **Análise financeira** – Permite a interpretação da saúde financeira da empresa, do seu grau de liquidez e da capacidade de solvência.

Na sequência, apresentaremos as principais técnicas empregadas para a análise das demonstrações financeiras, no entanto, enfatizaremos a análise por meio dos indicadores contábeis que estão mais relacionados à proposta da análise de investimentos. As análises vertical e horizontal serão demonstradas sucintamente para conhecimento geral, visto que objetivamos apresentar a técnica dos indicadores contábeis para análise do projeto. As demonstrações contábeis estão divididas em dois grandes grupos, conforme ilustrado na Figura 6.1:

Figura 6.1 – Demonstrações contábeis

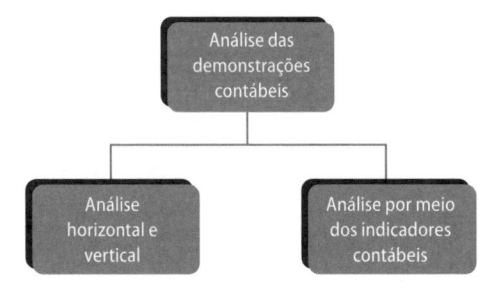

As seções a seguir abordarão cada uma das análises indicadas.

6.1.1 Análises vertical e horizontal

A **análise vertical** possibilita o estudo da estrutura patrimonial nos aspectos qualitativo e quantitativo. Ela apresenta a participação, em termos percentuais, de cada item que compõe a demonstração financeira, mostrando a composição dos grupos patrimoniais ao indicar a representatividade das disponibilidades (saldo de caixa e das contas bancárias) em relação ao total de ativos da empresa.

A fórmula do cálculo para a análise vertical é dada por:

$$(12) \quad AV(\%) = \frac{\text{Saldo de conta contábil}}{\text{Total do grupo ou subgrupo patrimonial}} \cdot 100$$

Exemplo 9 – Suponha que o ativo circulante de dado projeto ou dada empresa esteja estruturado da seguinte forma:

Tabela 6.1 – Análise vertical

Descrição	Saldo	Análise vertical
ATIVO		
Disponibilidade		
Caixa	R$ 10.000,00	6,94%
Bancos	R$ 30.000,00	20,83%
Aplicações Financeiras	R$ 12.000,00	8,33%
Clientes	R$ 50.000,00	34,72%
Mercadorias	R$ 42.000,00	29,16%
Total do Ativo Circulante	R$ 144.000,00	100%

Ao substituir os dados da Tabela 6.1 na equação (12), temos:

$$AV(\%) = \frac{10.000}{144.000} \cdot 100 = 0,069 \text{ ou } 6,9\%$$

Portanto, a análise vertical informa que a participação da conta de caixa no total do ativo circulante é de 6,9%. Para descobrir a participação das demais contas, é só realizar o mesmo cálculo.

Essa técnica também é conhecida como *análise de estrutura, análise de posição* ou *análise de porcentagens verticais*.

Graficamente, a estrutura do ativo circulante pode ser visualizada da seguinte forma:

Gráfico 6.1 – Análise vertical do Ativo circulante

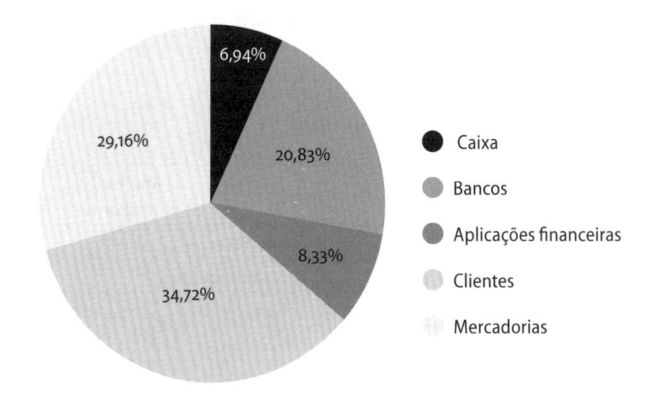

- 6,94%
- 29,16%
- 20,83%
- 8,33%
- 34,72%

- Caixa
- Bancos
- Aplicações financeiras
- Clientes
- Mercadorias

A análise vertical permite ao tomador de decisão conhecer a importância de cada conta em relação ao total do grupo patrimonial. Por meio da análise, ele poderá adotar a estratégia que melhor convenha na solução do problema.

A **análise horizontal**, por sua vez, consiste na comparação entre os valores da mesma conta ou de grupo de contas em períodos diferentes, buscando avaliar a variação que um determinado item possui ao longo do tempo e comparando o item do ano em comparação com o mesmo item no balanço do ano anterior. Os resultados obtidos com essa análise indicam a tendência do item ao longo do tempo, possibilitando comparar a evolução ou a involução dos saldos.

A fórmula do cálculo da análise horizontal é dada por:

$$(13) \quad AH(\%) = \frac{\text{Saldo da conta no período 2}}{\text{Saldo da conta no período base}} \cdot 100 - 100$$

A análise dessa conta serve para que os analistas identifiquem o que influenciou a variação do índice de um período para outro.

Exemplo 10 – Suponha que o analista deseje conhecer a variação horizontal, observando como a conta se comportou de um ano comparado ao ano anterior.

Tabela 6.2 – Análise horizontal

Descrição	Ano 1	Ano 2	Análise horizontal
	ATIVO		
	Disponibilidade		
Caixa	R$ 10.000,00	R$ 15.000,00	50%
Bancos	R$ 30.000,00	R$ 40.000,00	33,33%
Aplicações financeiras	R$ 12.000,00	R$ 10.000,00	-16,67%
Clientes	R$ 50.000,00	R$ 42.000,00	-16%
Mercadorias	R$ 42.000,00	R$ 39.500,00	5,95%
Total do Ativo Circulante	R$ 144.000,00	R$ 145.500,00	1,73%

Ao substituir os dados da Tabela 6.2 na equação (13), temos:

$$AV(\%) = \frac{15.000,00}{10.000,00} \cdot 100 - 100 = 50\%$$

Portanto, a análise horizontal indica que a conta caixa variou 50% positivo, comparada ao ano base. A análise da variação das contas é fundamental por permitir que o analista verifique se a variação foi positiva ou negativa e, ainda, se foi expressiva, quais as tendências, se a conta deve sofrer uma intervenção do tomador de decisão etc.

6.1.2 Análise por indicadores contábeis

Também conhecida como *análise por quocientes*, a **análise por indicadores contábeis** busca mostrar as condições econômicas e financeiras de uma organização. No dicionário, *indicador* é tido como "aquele que indica"; nesse sentido, indicadores econômicos e financeiros indicam as condições econômico-financeiras de uma organização.

Os indicadores ou quocientes podem ser divididos em quatro grupos principais, sendo eles:

Figura 6.2 – Indicadores contábeis ou quocientes

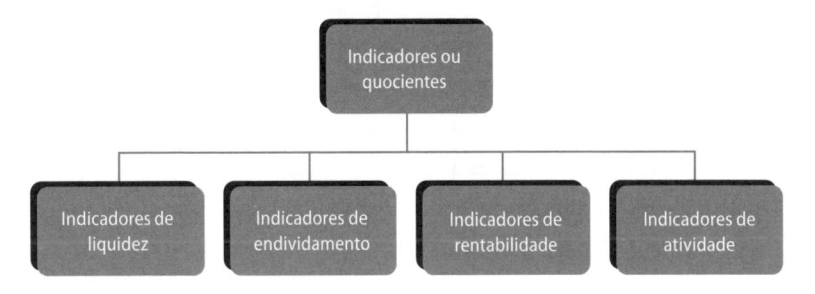

```
                    Indicadores ou
                      quocientes
    ┌──────────────┬──────┴───────┬──────────────┐
Indicadores de  Indicadores de  Indicadores de  Indicadores de
  liquidez      endividamento   rentabilidade    atividade
```

Em que:

- **Indicadores de liquidez** – Revelam a situação financeira da empresa em relação à sua capacidade de honrar suas obrigações do curto ao longo prazo, ou seja, mostram a capacidade de solvência da empresa ou de um projeto de investimento.

- **Indicadores de endividamento** – Revelam a situação financeira da empresa em relação à sua estrutura de financiamento, ou seja, qual a origem dos recursos por ela empregados e sua proporção de capital próprio e de capital de terceiros.

- **Indicadores de rentabilidade** – Revelam a situação econômica da empresa em relação ao retorno de capital investido, ou seja, os resultados apurados pela empresa. Esses indicadores darão uma ideia aproximada do nível de eficiência da empresa na aplicação de seus recursos.

- **Indicadores de atividade** – Revelam a situação da empresa com relação ao recebimento de suas vendas, aos pagamentos de suas obrigações, bem como em relação ao giro e à utilização de seus estoques.

Veja, a seguir, uma explicação mais detalhada de cada indicador.

6.1.2.1 Índices de liquidez

A **análise dos índices de liquidez** permite avaliar a solvência do projeto de investimento, a fim de analisar a situação financeira da empresa em relação à capacidade de honrar suas obrigações do curto ao longo prazo. Por meio do confronto de algumas contas e grupos patrimoniais, podemos avaliar a capacidade de pagamento da empresa analisada em vários períodos. Assim, a avaliação é realizada com base nas informações constantes no BP da empresa, sendo que, para cada tipo de liquidez calculada, se utilizam informações diferentes.

Os índices de liquidez do projeto, construídos com base nas demonstrações contábeis, são classificados nas seguintes categorias:

Quadro 6.1 – Alcance temporal dos índices

Índice	Alcance
Liquidez imediata	Imediato
Liquidez corrente	Curto prazo
Liquidez seca	
Liquidez geral	Longo prazo

Como já apontado, os índices de liquidez, entre outros aspectos, permitem ao analista avaliar a capacidade de pagamento das empresas em tempos distintos: do imediato ao longo prazo. Dito de outra forma, eles permitem identificar o grau de segurança dos credores e do comprometimento da empresa. Odorcik, Olivo e Schvirck (2010) destacam que os valores demonstrados no balanço refletem a situação da empresa naquele determinado momento. Os autores sugerem que as contas de giro ou a transformação em disponibilidades mais curtas devem estar alocadas em primeiro lugar no balanço.

Para melhor compreensão, partiremos da análise da liquidez geral – que tem uma abrangência maior e, portanto, é menos conservadora –, e, na medida em que for evoluindo a análise dos índices, retiraremos algumas variáveis.

Índice de liquidez geral (ILG)

O índice de liquidez geral (ILG) indica a capacidade de pagamento das obrigações de curto e longo prazos, com os ativos de curto e longo prazos – de quantos reais a empresa dispõe no curto prazo para cada real de dívida de curto prazo, ou, então, quantos reais a empresa possui para saldar as dívidas de longo prazo. O cálculo é o seguinte: somamos o total do ativo circulante com o realizável a longo prazo e dividimos a soma do passivo circulante com o passivo não circulante. Quanto menor for esse índice, maior o risco da empresa em não conseguir honrar seus compromissos no curto e longo prazos.

Algebricamente, temos:

$$(14) \quad ILG = \frac{AC + RLP}{PC + PNC}$$

Os dados apresentados na Tabela 6.3 servirão para análise dos indicadores de liquidez.

Tabela 6.3 – Balanço Patrimonial hipotético

ATIVO	31/12/2011	PASSIVO E PL	31/12/2011
Circulante	**R$623.462,17**	**Circulante**	**R$ 366.606,19**
Disponível	R$ 65.262,86	Fornecedores	R$ 49.885,34
Clientes	R$ 271.485,56	Empréstimo	R$ 213.527,60
Estoques	R$ 286.713,75	Provisão IR	R$ 8.631,02
		Dividendos a Pagar	R$ 62.641,74
		Salários a Pagar	R$ 31.920,49
Não Circulante	**R$ 256.574,20**	**Não Circulante**	**R$ 40.331,06**
Realizável LP	R$ 28.393,18	Financiamento	R$ 37.928,04
Investimento	R$ 57.439,27	Contas a Pagar	R$ 2.403,02
Imobilizado	R$161.072,95		
Intangível	R$ 9.668,78		
		Patrimônio Líquido	**R$ 473.099,10**
		Capital social	R$ 258.846,06
		Reserva de capital	R$ 16.491,29
		Reserva de lucros	R$ 197.761,75
TOTAL ATIVO	**R$ 880.036,35**	**TOTAL PASSIVO**	**R$ 880.036,35**

Substituindo os valores da Tabela 6.3 na equação (14), temos:

$$ILG = \frac{623.462,17 + 28.393,18}{366.606,19 + 40.331,06} = 1,60$$

O índice encontrado para a liquidez geral indica o quanto a empresa possui no seu ativo circulante e de longo prazo para cobrir as dívidas de curto e longo prazos. Portanto, o valor encontrado significa que: a empresa possui R$ 1,60 em seu ativo circulante e de longo prazo para cada R$ 1,00 de dívida de curto e longo prazos. Com base no exposto, você pode notar que, quanto maior for o ILG, melhor será para a empresa.

Índice de liquidez corrente (ILC)

O **índice de liquidez corrente (ILC)** indica a capacidade de pagamento da empresa no curto prazo, ou seja, revela a capacidade de a empresa saldar seus compromissos financeiros no curto prazo, com recursos de curto prazo. O cálculo é o seguinte: o ativo circulante é dividido pelo passivo circulante. Quanto menor for o ILC, maior será o risco de a empresa não conseguir honrar os seus compromissos de curto prazo.

Algebricamente, temos:

$$(15) \quad ILC = \frac{AC}{PC}$$

Substituindo os valores da Tabela 6.3 na equação (15), temos:

$$ILC = \frac{623.462,17}{366.606,19} = 1,70$$

O índice encontrado para a liquidez corrente indica o quanto a empresa possui no seu ativo circulante para cobrir as dívidas de curto prazo. Portanto, o valor encontrado significa que:

a empresa possui R$ 1,70 em seu ativo circulante para cada R$ 1,00 de dívida de curto prazo. Com base no exposto, concluímos que, quanto maior for o ILC, melhor será para a empresa.

Índice de liquidez seca (ILS)

O **índice de liquidez seca (ILS)** indica a capacidade de pagamento a curto prazo, excluindo-se os estoques e as despesas antecipadas. Esse índice revela a capacidade de a empresa saldar seus compromissos financeiros no curto prazo, considerando que ela possua estoques. O cálculo é o seguinte: realizamos a diferença entre o ativo circulante e o estoque dividido pelo passivo circulante. Quanto menor for o ILS, maior será o risco de a empresa não conseguir honrar seus compromissos de curto prazo.

Algebricamente, temos:

$$(16) \quad ILS = \frac{AC - Estoques}{PC}$$

Substituindo os valores da Tabela 6.3 na equação (16), temos:

$$ILS = \frac{623.462,17 + 286.713,75}{366.606,19} = \frac{336.748,42}{366.606,19} = 0,92$$

O índice encontrado para a liquidez seca indica o quanto a empresa possui no seu ativo de curto prazo para fazer frente ao passivo de curto prazo. Portanto, o valor encontrado significa que: a empresa possui R$ 0,92 em seu ativo circulante para cada R$ 1,00 de dívida de curto prazo. Nesse caso, a empresa não opera com folga – considerando que ela não venda o seu estoque, não conseguirá, com recursos de curto prazo, honrar suas dívidas de curto prazo. Com base no exposto, concluímos que, quanto maior for o ILS, melhor será para a empresa.

Índice de liquidez imediata (ILI)

O **índice de liquidez imediata (ILI)** indica a capacidade de pagamento das obrigações de curto prazo envolvendo somente os recursos disponíveis, ou seja, com os recursos de maior liquidez no caixa. O cálculo é o seguinte: a disponibilidade do caixa é dividida pelo passivo circulante. Quanto menor for o ILI, maior será o risco de a empresa não conseguir honrar seus compromissos de curto prazo.

Algebricamente, temos:

$$(17) \quad ILI = \frac{Disponível}{PC}$$

Substituindo os valores da Tabela 6.3 na equação (17), temos:

$$ILI = \frac{65.262,86}{366.606,19} = 0,17$$

O índice encontrado para a liquidez imediata indica o quanto a empresa possui em seu caixa para cobrir as obrigações correntes. Portanto, o valor encontrado significa que: a empresa possui R$ 0,17 em seu caixa para cada R$ 1,00 de obrigações de curto prazo. Esse resultado indica que, para cada R$ 1,00 de dívida, falta a quantia de R$ 0,83 para saldar. Portanto, somente o que a empresa possui em caixa não seria suficiente para honrar seus compromissos, necessitando, nesse caso, de algum outro ativo para cobrir as dívidas de curto prazo. Com isso, você pode notar que, quanto menor o ILI, maior o risco de a empresa não conseguir honrar seus compromissos de curto prazo.

6.1.2.2 Índices de endividamento

Os índices de endividamento indicam a situação financeira da empresa em relação à sua estrutura de financiamento, ou seja, qual a origem dos recursos por ela empregados e a sua proporção de capital próprio e de terceiros. Por exemplo: uma empresa pode realizar empréstimos de curto prazo para financiar o seu capital de giro ou de longo prazo para adquirir maquinário, equipamentos etc. Acontece que, em geral, a maioria das empresas está em menor ou maior grau endividada. Para medir o grau de endividamento das empresas, utilizamos os seguintes índices:

Figura 6.3 – Índice de endividamento

```
                    Índices de
                  endividamento
    ┌──────────────┬──┴──┬──────────────┐
 Grau de       Índice de    Índice do capital   Índice da
endividamento  participação de  próprio em relação  composição de
               capital de terceiros  ao de terceiros  endividamento
```

Em que:

- **Grau de endividamento** – Indica o quanto a empresa tomou de recursos de terceiros para cada real próprio.
- **Índice de participação de capital de terceiros** – Indica o percentual do capital total financiado pelo capital de terceiros.
- **Índice do capital próprio em relação ao capital de terceiro** – Indica o quanto há de capital próprio para garantir o capital de terceiros.
- **Índice composição de endividamento** – Indica a composição do endividamento da empresa no curto prazo (PC) e no longo prazo (PELP), dentro do Passivo não Circulante.

Veja, a seguir, a abordagem mais aprofundada desses índices.

Grau de endividamento

Indica o **grau de endividamento (GE)** da empresa para com capital de terceiro, ou seja, a dependência da empresa em relação ao capital de terceiro. Para obtê-lo, é necessário somar os recursos de terceiros (curto e longo prazos) e dividir pelo Patrimônio Líquido (que representa o capital próprio).

Algebricamente, temos:

$$(18) \quad GE = \frac{\text{Exigível Total}}{PL} = \frac{PC + PNC}{PL}$$

Substituindo os valores da Tabela 6.3 na equação (18), temos:

$$GE = \frac{406.937{,}25}{473.099{,}10} = \frac{366.606{,}19 + 40.311{,}06}{473.099{,}10} = 0{,}86$$

O índice maior que 1 indica a dependência de capital estrangeiro. No caso do valor encontrado, significa que o endividamento representa apenas 86% do capital próprio, portanto, ainda existe uma folga de 14% não comprometida com dívidas.

Quanto maior for o GE da empresa, pior será para ela, pois isso indica que possui uma dependência maior de capital de terceiros.

Índice de participação de capital de terceiros (IPCT)

Este índice mostra o quanto a empresa tomou emprestado em relação aos recursos totais. Para obter esse índice, é necessário somar os recursos de terceiros (curto e longo prazos) e dividi-los pelo total do ativo que representa o total de recursos.

Algebricamente, temos:

$$(19) \quad IPCT = \frac{\text{Exigível Total}}{\text{Ativo Total}} = \frac{PC + PNC}{AC + ANC}$$

Substituindo os valores da Tabela 6.3 na equação (19), temos:

$$\text{IPCT} = \frac{366.606,19 + 40.331,06}{880.036,35} = 0,46$$

O índice encontrado mostra que 46% dos recursos totais têm sua origem em capital de terceiros, e o restante (54%) é decorrente do uso de capital próprio. Dito de outra forma, a cada R$ 1,00 dos recursos totais da empresa, R$ 0,46 é de terceiros e R$ 0,54 é capital próprio.

Quanto maior for o índice, maior será a participação da presença de capital de terceiros na empresa, e, consequentemente, pior para a organização.

Índice do capital próprio em relação ao capital de terceiros (CPCT)

Indica o quanto há de capital próprio para garantir o capital de terceiros. Para obter esse índice, é necessário dividir o Patrimônio Líquido total da empresa pelo exigível total (capital total de terceiro).

Algebricamente, temos:

$$(20) \quad \text{CPCT} = \frac{\text{PL}}{\text{Exigível Total}} = \frac{\text{PL}}{\text{PC} + \text{PNC}}$$

Substituindo os valores da Tabela 6.3 na equação (20), temos:

$$\text{CPCT} = \frac{\text{PL}}{\text{Exigível Total}} = \frac{473.099,10}{366.606,19 + 40.331,06} = 1,16$$

O índice encontrado indica que, para cada R$ 1,00, a empresa possui R$ 1,16 para fazer frente ao exigível de curto e longo prazos, portanto, tem como garantir o pagamento das dívidas.

Quanto maior o índice de capital próprio em relação ao de terceiros, maior a garantia de pagamento da dívida ou do exigível total.

Índice da composição de endividamento (CE)

Esse índice indica a composição do endividamento da empresa, ou seja, a participação de capitais de terceiro que se encontram no curto prazo (Passivo Circulante) e a participação no longo prazo (Passivo Não Circulante).

Algebricamente, temos:

$$(21) \quad CE = \frac{PC}{\text{Exigível Total}} = \frac{PC}{PC + PNC}$$

Substituindo os valores da Tabela 6.3 na equação (21), temos:

$$CE = \frac{366.606,19}{365.056,14 + 40.331,06} = \frac{366.606,19}{405.387,20} = 0,90$$

O índice encontrado de 0,90 indica que existe uma concentração do endividamento no curto prazo, ou seja, 90% do endividamento para com terceiros vencem no curto prazo, e o restante, 10%, vence no longo prazo.

Quanto maior o índice da composição de endividamento pior para a empresa, pois maior deve ser o aporte para pagamento da dívida no curto prazo, e, consequentemente, quanto menor o índice, melhor, pois ela terá mais tempo para honrar suas dívidas.

6.1.2.3 Índices de rentabilidade

O **índice de rentabilidade** consiste em identificar o retorno obtido pela empresa sobre o capital total (próprio + terceiro) investido.

Ribeiro (2006) afirma que o índice de rentabilidade ou quociente de rentabilidade serve para medir a capacidade econômica da empresa, evidenciando o grau de êxito econômico obtido com o capital investido.

Diante disso, é possível afirmar que o índice de rentabilidade mostra a situação econômica da empresa em relação ao retorno de capital investido, ou seja, os resultados apurados por ela. Esses indicadores darão uma ideia aproximada do nível de eficiência da empresa na aplicação de seus recursos.

As informações para composição do índice de rentabilidade surgem a partir da análise de três índices:

Figura 6.4 – Índice de rentabilidade

```
                    Índices de
                   rentabilidade
           ┌───────────┼───────────┐
      Taxa de      Taxa de Retorno   Margem de lucro
   Retorno sobre o  sobre o Patrimônio  sobre as vendas
    Investimento        Líquido
```

Em que:

- **Retorno sobre o Investimento** – Indica o desempenho do capital investido (próprio e de terceiros).
- **Retorno sobre o Patrimônio Líquido** – Indica o retorno auferido pelos acionistas sobre o capital investido.
- **Margem de lucro sobre as vendas** – Indica o lucro para cada produto vendido.

A seguir, trataremos mais detalhadamente de cada um desses tópicos.

Retorno sobre o investimento (ROI)

A **taxa de retorno sobre o Investimento**, também conhecida como *ROI (Return On Investment)*, é um dos principais indicadores da capacidade econômica da empresa. O objetivo da ROI é demonstrar o desempenho do capital investido (próprio e de terceiros). Para obter esse índice, dividimos o Lucro Líquido (LL) pelo Ativo Médio (AM).

Algebricamente, temos:

$$(22) \quad ROI = \frac{LL}{AM} = \frac{LL}{AT_1 + AT_{t-1}}$$

Em que:

$$(23) \quad AM = \frac{AT}{2}$$

O AM é dado pelo Ativo Total (AT) do período t (período atual), somado ao AT do período t – 1 (período anterior).

Para analisar a ROI, necessitamos do LL apresentado no DRE, indicado na Tabela 6.4 a seguir:

Tabela 6.4 – Demonstrativo do Resultado do Exercício (DRE)

	31/12/2011
Receita Operacional Bruta	R$ 2.441.906,98
Deduções	R$ 374.281,70
Vendas Líquidas	R$ 2.067.625,28
(-) CMV	R$ 1.514.497,69
Lucro Bruto	**R$ 553.127,60**
Despesas Operacionais	R$ 346.178,83
Despesas de Vendas	R$ 87.783,91
Despesas Administrativas	R$ 1.225,31
Depreciação	R$ 117.939,54
Lucro Operacional	
Despesas Não Operacionais (+)	R$ 37.534,72
IR e CSLL	R$ 24.221,76
Lucro Líquido	**R$ 131.252,50**

Para encontrar o AM, usaremos o ATt-1 da Tabela 6.3, R$ 880.036,85, e vamos supor que o ATt (2012) seja de R$ 1.242.163,26. Somando esses AT e substituindo-os na equação (23), temos:

$$AM = \frac{AT}{2} = \frac{AT_1 + AT_{t-1}}{2} = \frac{2.122.199,58}{2} = 1.061.069,79$$

Substituindo na equação (22) o LL apresentado na Tabela 6.4 e o AM obtido pela equação anterior, temos:

$$ROI = \frac{LL}{AM} = \frac{131.252,50}{1.061.069,79} = 0,12$$

Observe que a ROI indica que, para cada R$ 1,00 investido, há um ganho de R$ 0,12. Um retorno maior que 1 indica que haveria um retorno sobre o capital investido maior que 100%. Consequentemente, quanto maior for o índice, melhor será para a empresa, visto que a ROI indica o percentual de retorno para a empresa sobre o capital total investido (próprio e de terceiros).

Retorno sobre o patrimônio líquido (ROE)

A taxa de retorno sobre o Patrimônio Líquido, também conhecida como *ROE (Return On Equity)*, é considerada o principal indicador de todas as taxas, pois é esse índice que apresenta a rentabilidade auferida pelos empresários ou acionistas. Para obtê-la, basta dividir o LL pelo Patrimônio Líquido Médio (PLM).

Algebricamente, temos:

$$(24) \quad ROE = \frac{L}{PLM}$$

Em que:

$$(25) \quad PLM = \frac{PL_1 + PL_{t-1}}{2}$$

Sendo que:

PL_1: Patrimônio Líquido no período atual

PL_{t-1}: Patrimônio Líquido no período anterior

Supondo que o Patrimônio Líquido (PL) em 2012 seja de R$ 638.844,36 e que em 2011 tenha sido de R$ 473.099,10, temos:

$$PLM = \frac{PL_1 + PL_{t-1}}{2} = \frac{638.844,36 + 473.099,10}{2} = 595.978,18$$

Substituindo o LL e PLM na equação (24), temos:

$$ROE = \frac{L}{PLM} = \frac{131.252,50}{595.978,18} = 0,2$$

O ROE indica que, para cada R$ 1,00 investido, há um ganho de R$ 0,23. Esse índice revela o ganho do capital próprio, diferentemente do ROI, visto que este considera o retorno para o capital próprio e o capital de terceiros. Observe que, quanto maior o ROI, maior o retorno dos acionistas.

Margem de lucro sobre as vendas (MLV)

A **margem de lucro sobre as vendas (MLV)** representa o percentual de retorno para a empresa sobre cada produto vendido. Para obter esse índice, basta dividirmos o LL pelas Vendas Líquidas (VL), ambos encontrados na DRE (Tabela 6.4).

Algebricamente, temos:

$$(26) \quad MLV = \frac{LL}{VL} = \frac{131.252,50}{2.067.625,28} = 0,063$$

A MLV indica que a empresa aufere ganhos de 6,3%, ou seja, para cada R$ 1,00 vendido, sobra R$ 0,06 para a empresa. Consequentemente, quanto maior esse índice, maior o retorno sobre as vendas.

6.1.2.4 Índices de atividade

O índice de atividade da rentabilidade consiste em identificar em quantos dias, em média, a empresa recebe suas vendas, paga e renova seus estoques. O objetivo dessa análise é mostrar a situação da empresa com relação ao recebimento de suas vendas, aos pagamentos de suas obrigações, bem como em relação ao giro e à utilização de seus estoques. Os índices de atividades têm como principal objetivo verificar a eficiência da empresa no uso de seus recursos no momento do desenvolvimento de suas atividades operacionais.

As informações para composição do índice de rentabilidade surgem por meio da análise de quatro variáveis:

Figura 6.5 – Índices de atividade

```
                    Índices de
                    atividade
         ┌──────────────┼──────────────┐
Prazo médio de   Prazo médio de   Prazo médio    Giro dos ativos
recebimento das  pagamento das    de rotação dos
vendas           compras          estoques
```

Em que:

- **Retorno sobre o investimento** – Indica o desempenho do capital investido (próprio e de terceiros).
- **Prazo médio de recebimento das vendas (PMRV)** – Representa o prazo médio de recebimento em dias.
- **Prazo médio de pagamento das compras (PMPC)** – Representa o prazo médio de pagamento em dias.
- **Prazo médio de rotação de estoques (PMRE)** – Indica a eficiência das atividades operacionais da empresa, identificando a quantidade de rotação integral do estoque no período.
- **Giro dos ativos** – Informa a eficiência com a qual a empresa utiliza seus ativos para produzir os seus produtos finais e gerar as suas receitas de vendas.

Veja, a seguir, no que consistem essas variáveis.

Prazo médio de recebimento das vendas (PMRV)

O PMRV indica em quantos dias, em média, a empresa recebe os valores decorrentes de suas vendas. Para obtê-lo, inicialmente temos que encontrar a conta corrente média do período atual e do período anterior, multiplicar por 360 (período contábil) e dividir pelas vendas.

Por exemplo: vamos supor que, no início de 2011, as Contas a Receber (R) representem R$ 40.743,40, e as Contas a Receber ao final desse exercício, de acordo com o BP, sejam de R$ 271.485,56. Com isso, temos o recebimento médio (RM), dado por:

$$(27) \quad RM = \frac{R_1 + R_{t-1}}{2}$$

Substituindo os valores na equação (27), temos:

$$RM = \frac{271.485,56 + 40.743,40}{2} = \frac{312.228,96}{2} = 156.114,48$$

Lembrando que o prazo médio de recebimento é dado pelo RM multiplicado por 360 (período contábil) e dividido pelas vendas do período "t", algebricamente temos:

$$(28) \quad PMRV = \frac{RM \times 360}{\text{Receita Operacional Bruta (venda período t)}}$$

Vamos supor que a Receita Operacional Bruta (ROB) no período t (2011) seja de R$ 2.441.906,98, obtido na DRE. Substituindo os valores na equação (28), temos:

$$PMRV = \frac{156.114,48 \cdot 360}{2.441.906,98} = 23,01$$

Esse índice revela que, em média, a empresa espera 23 dias para receber suas vendas. Quanto menor o PMRV, mais rápido a empresa recebe pelas vendas.

Prazo médio de pagamento das compras (PMPC)

O PMPC indica em quantos dias, em média, a empresa paga suas obrigações aos fornecedores por suas compras. Para obtê-lo, inicialmente temos que encontrar a média das contas com o fornecedor do período t e do período t-1. Vamos supor que o período t seja igual a R$ 49.885,34, conforme o BP de 2011, e o período t-1 seja de R$67.515,35.

$$(29) \quad FM = \frac{F_1 + F_{t-1}}{2}$$

Em que:

FM: Fornecedor médio

F1: Fornecedor período atual

F1: Fornecedor período anterior

Substituindo os valores na equação (29), temos:

$$FM = \frac{F_1 + F_{t-1}}{2} = \frac{117.400,69}{2} = 58.700,34$$

O passo seguinte para calcular o PMPC é encontrar o valor das compras. Para isso, é necessário conhecer o custo da mercadoria vendida (CMV), dado pela soma do estoque inicial (EI), e das compras realizadas no período, menos os estoques finais (EF).

Algebricamente, temos:

$$(30) \quad CMV = EI + compras - EF$$

Considere o CMV, no período t, no valor de R$ 1.514.497,69, conforme DRE de 2011, EI (2011) no valor de R$ 283.713,75 (exógeno) e EF (2011) no valor de R$ 286.713,75 (obtido pelo BP). Substituindo esses valores na equação (30), temos:

1.514.497,69 = 283.713,75 + compras − 286.713,75

Rearranjando os termos, temos:

Compras = 1.514.497,69 + 283.713,75 − 286.713,75
Compras = 1.511.497,69

O PMPC é facilmente obtido, após a multiplicação do valor dos fornecedores médio por 360 (período contábil) e a divisão pelo valor das compras.

Algebricamente, temos:

$$PMPC = \frac{58.700,34 \cdot 360}{1.511.497,69} = 13,98$$

Esse índice revela que, em média, a empresa leva 14 dias (arredondando 13,98 para 14) para pagar suas compras. Quanto maior o número de dias, melhor a situação financeira da empresa – no entanto, deve ser analisado em conjunto com o recebimento. O ideal é que a quantidade de dias para recebimento seja menor que a quantidade de dias para pagamentos.

Prazo médio de rotação de estoques (PMRE)

O PMRE indica em quantos dias, em média, a empresa leva para vender o seu estoque. Para obter esse índice, devemos conhecer o estoque médio (EM). Para isso, temos que somar o EF e o EI e então dividi-los por 2.

Algebricamente, temos:

$$(31) \quad EM = \frac{EF + EI}{2}$$

Vamos supor que o EI seja de R$ 452.000,00 e que o EF, de acordo com o BP de 2011, seja igual a R$ 286.713,15. Substituindo esses valores na equação (31), temos:

$$EM = \frac{286.713,15 + 452.000,00}{2} = 369.356,57$$

O PMRE é dado pelo EM multiplicado por 360 (período contábil) e dividido pelo custo das vendas no período t, obtido na DRE de 2011, no valor de R$ 1.514.497,69.

Algebricamente, temos:

$$PMRE = \frac{EM \cdot 360}{CMV_1} = \frac{369.356,57 \cdot 360}{1.514.497,69} = 87,79$$

Esse índice indica que, em média, a cada 88 dias (arredondando 87,79 para 88) a empresa renova o seu estoque. Quanto menor esse quociente, melhor para a empresa, pois isso indica que é menor o tempo de permanência de estoques e, consequentemente, menor o custo de oportunidade.

Giro dos ativos

O giro dos ativos indica o quão eficiente a empresa é na utilização dos seus ativos, na produção de seus produtos finais e na geração de receitas decorrentes das vendas. Para obtê-lo, devemos dividir as receitas decorrentes das vendas pelos ativos totais.

Algebricamente, temos:

$$(32) \quad \text{Giros dos ativos} = \frac{\text{Receitas das vendas}}{\text{Ativos totais}}$$

Esse índice representa a quantidade de vezes ao ano que os ativos giram. Para saber o prazo médio desse indicador, basta dividirmos a quantidade 360 (período fiscal) pelo valor apurado pelo indicador.

Substituindo os valores, encontrados receitas das vendas (DRE) e do Ativo total (BP), na equação (32), temos:

$$\text{Giros dos ativos} = \frac{2.441.906,98}{880.036,35} = 2,74$$

Esse índice indica que, em média, a empresa gira seus ativos em aproximadamente 3 vezes por período (arredondando 2,75 para 3). Quanto maior o índice, melhor para a empresa, pois isso representa maior rotação dos seus ativos.

Síntese

Neste capítulo, foram abordados, por meio da análise das demonstrações contábeis, os aspectos qualitativos e quantitativos relacionados à estrutura patrimonial da empresa. Com base nos indicadores contábeis, apresentamos os cálculos e a interpretação de quatro grupos de índices – liquidez, endividamento, rentabilidade e atividade – para a tomada de decisão em um investimento.

Questões para revisão

1. Qual o objetivo da análise dos indicadores contábeis?

2. Comente sobre os principais índices, listados a seguir, que compõem o grupo dos indicadores contábeis, bem como sobre a contribuição de cada um deles para as análises econômica e financeira da organização:
    a) Indicadores de liquidez.
    b) Indicadores de endividamento.
    c) Indicadores de rentabilidade.
    d) Indicadores de atividade.

3. Em relação aos indicadores de liquidez, considere as afirmativas abaixo:
    i. O índice de liquidez geral indica de quantos reais a empresa dispõe no curto prazo para cada real de dívida de curto prazo, ou quantos reais ela possui para saldar as dívidas de longo prazo.
    ii. O índice de liquidez corrente revela a capacidade de a empresa saldar suas dívidas no longo prazo.

III. O índice de liquidez seca revela a capacidade de pagamento da empresa no curto prazo, excluindo os estoques e as despesas antecipadas.

IV. O índice de liquidez imediata revela a capacidade de pagamento da empresa no curto prazo, considerando apenas os recursos de alta liquidez, como saldo de caixa.

Assinale a alternativa correta:
a) Apenas as afirmativas I e II estão corretas.
b) Apenas as afirmativas I, II e III estão corretas.
c) Apenas as afirmativas I, III e IV estão corretas.
d) Nenhuma das alternativas está correta.

4. Com base no Balanço Patrimonial apresentado a seguir, considere as afirmativas:

ATIVO	31/12/2011	PASSIVO E PL	31/12/2011
Circulante	**R$ 686.084,49**	**Circulante**	**R$ 401.563,00**
Disponível	R$ 71.789,15	Fornecedores	R$ 54.873,87
Clientes	R$ 298.910,21	Empréstimo	R$ 234.880,36
Estoques	R$ 315.385,13	Provisão IR	R$ 7.790,32
		Dividendos a Pagar	R$ 68.905,91
		Salários a Pagar	R$ 35.112,54
Não Circulante	**R$ 280.251,69**	**Não Circulante**	**R$ 44.364,16**
Realizável LP	R$ 31.232,50	Financiamento	R$ 41.720,84
Investimento	R$ 63.183,20	Contas a Pagar	R$ 2.643,32
Imobilizado	R$ 175.200,33		
Intangível	R$ 10.635,66		
		Patrimônio Líquido	**R$ 520.409,02**
		Capital Social	R$ 284.730,67
		Reserva de Capital	R$ 18.140,42
		Reserva de Lucros	R$ 217.537,93
Total do Ativo	**R$ 966.336,18**	**Total do Passivo**	**R$ 966.336,18**

I. De acordo com o índice de liquidez corrente e com base no Balanço Patrimonial, para cada R$ 1,00 de dívidas de curto prazo, a empresa possui R$ 1,70 no seu ativo circulante para cobri-las.

II. Para cada R$ R$1,00 de dívida de curto prazo, a empresa possui em seu ativo R$ 0,92 para honrar suas dívidas de curto prazo.

III. O índice de liquidez seca da empresa indica que, para cada R$ 1,00 de dívida de curto prazo, a empresa possui R$ 0,92. Esse valor abaixo das dívidas deve-se ao fato de esse índice descontar os estoques.

IV. Para cada R$ 1,00 de dívida corrente, a empresa possui em caixa R$ 0,17, portanto, somente o valor em caixa não é suficiente para cobrir a dívida corrente.

É correto afirmar que:

a) apenas as afirmativas I e II estão corretas.
b) apenas as afirmativas I, II e III estão corretas.
c) apenas as afirmativas I, III e IV estão corretas.
d) todas as alternativas estão corretas.

5. Com base no Balanço Patrimonial da questão 4 e na Demonstração do Resultado do Exercício indicada na sequência, considere as afirmativas a seguir:

	31/12/2011
Receita Operacional Bruta	**R$ 2.808.193,20**
Deduções	R$ 430.423,96
Vendas Líquidas	R$ 2.377.769,07
(–) CMV	R$ 1.741.672,34
Lucro bruto	**R$ 636.096,74**
Despesas Operacionais	R$ 398.105,65
Despesas de Vendas	R$ 100.951,50
Despesas Administrativas	R$ 1.409,11
Depreciação	
Lucro Operacional	**R$ 135.630,47**
Despesas Não Operacionais (+)	R$ 43.164,93
IR e CSLL	R$ 27.855,02
Lucro Líquido	**R$ 150.940,38**

I. O grau de endividamento, de acordo com o Balanço Patrimonial, considerando o seu Patrimônio Líquido, é menor que 1, ou seja, a somatória de capital societário da empresa é maior que as dívidas da empresa.

II. Do total das dívidas da empresa, segundo o Balanço Patrimonial, 90% vencem no curto prazo, enquanto que apenas 10% são dívidas de longo prazo.

III. Com base no Balanço Patrimonial, na Demonstração do Resultado do Exercício e supondo um Ativo Total de R$ 1.125.000,00 para o ano de 2012, podemos assumir que a taxa de retornos sobre o investimento (ROI) é de aproximadamente 7,2%.

IV. Se o prazo médio de pagamento das compras (PMPC) for maior que o prazo médio de recebimento pelas suas vendas (PMRV), ocorre uma situação desfavorável no Fluxo de Caixa da empresa.

Assinale a alternativa correta:
a) Apenas as afirmativas I e II esotão corretas.
b) Apenas as afirmativas II e III estão corretas.
c) Apenas a afirmativa IV está correta.
d) Todas as alternativas estão corretas.

Questão para reflexão

Quais as principais ferramentas de análise econômico-financeira dos projetos?

Saiba mais

Indicamos estes textos como complemento para seus estudos. Essa leitura lhe propiciará maior conhecimento sobre as demonstrações contábeis e a análise dos indicadores contábeis, de liquidez, de endividamento e de rentabilidade da atividade, possibilitando-lhe maior conhecimento sobre os indicadores de projetos empresariais.

ASSAF Neto, A. **Estrutura e análise de balanços**: um enfoque econômico-financeiro comércio e serviços, industriais, bancos comerciais e múltiplos. 7. ed. São Paulo: Atlas, 2002.

GITMAN, L. J. **Princípios de administração financeira**. 10. ed. São Paulo: Pearson Addison Wesley, 2006.

MATARAZZO, D. C. **Análise financeira de balanços**: abordagem básica e gerencial. São Paulo: Atlas, 2003.

RIBEIRO, O. M. **Estrutura e análise de balanços fácil**. 7. ed. São Paulo: Saraiva, 2006.

Para concluir...

Esta obra foi produzida com o objetivo de auxiliar alunos e profissionais das áreas envolvidas na elaboração de projetos de investimento. Por mais diversificadas que elas sejam, exige-se no mínimo um estudo de viabilidade econômica no momento da decisão de investir ou não em determinado projeto.

Não só a elaboração do projeto é crucial para o sucesso do empreendimento, mas também um bom orçamento empresarial. Ambos se referem a uma projeção futura e exigem do gestor uma decisão antecipada a fim de construir um plano, um roteiro a ser seguido para que o negócio alcance os resultados esperados.

Embora muitos gestores tenham conhecimento sobre diversas etapas do negócio, a elaboração de projeto e orçamento são técnicas indispensáveis, uma vez que constituem instrumentos de coordenação das decisões sobre o negócio. Tanto o projeto quanto o orçamento empresarial são ferramentas que fornecem base para analisar, antecipadamente, a viabilidade técnica do negócio, a lucratividade e o desempenho financeiro da empresa para um período futuro.

Nesta obra, abordamos os conceitos e as técnicas aplicadas à análise de projetos e orçamento empresarial numa linguagem acessível. O livro foi dividido em seis capítulos, e, ao final de cada um, apresentamos a síntese do conteúdo. Propomos, também, exercícios para a fixação e a reflexão dos conceitos estudados, indicando, ainda, algumas leituras que poderão expandir o conhecimento do aluno a respeito desses temas.

Para concluir, resta-nos destacar que buscamos apresentar de maneira clara e objetiva as principais técnicas e discussões a respeito da análise de projeto e orçamento empresarial, sem a pretensão de esgotar os debates sobre os assuntos em foco. Procuramos, ao longo da obra, manter uma sequência lógica dos assuntos e acreditamos que, indiferentemente do tamanho ou da especificidade do projeto, você poderá sempre recorrer à aplicação prática de grande parte dos conceitos e das técnicas aqui apresentados.

Referências

ATKINSON, A. A. et al. **Contabilidade gerencial**. São Paulo: Atlas, 2000.

BERNARDINELLI, A. B. et al. A utilização das demonstrações financeiras projetadas e simuladas e suas contribuições ao processo decisório: segundo a percepção dos gestores de uma indústria química. In: CONGRESSO USP CONTROLADORIA E CONTABILIDADE, 7., 2007, São Paulo. **Anais**... São Paulo: Fipecafi, 2007. Disponível em: <http://www.congressousp.fipecafi.org/artigos72007/214.pdf>. Acesso em: 5 ago. 2013.

BIEGER, M. **Decisão de investimentos**: critérios de avaliação e a consideração de aspectos estratégicos nas empresas industriais de médio e grande porte da região Noroeste – RS. 180 f. Dissertação (Mestrado em Administração) – Universidade Federal do Rio Grande do Sul, Porto Alegre, 2000. Disponível em: <http://www.lume.ufrgs.br/bitstream/handle/10183/3072/000286592.pdf?sequence=1>. Acesso em: 11 out. 2013.

BIO, S. R. **Sistemas de informação**: um enfoque gerencial. 2. ed. São Paulo: Atlas, 2008.

BRASIL. Decreto n. 3.000, de 26 de março de 1999. **Diário Oficial da União**, Poder Executivo, Brasília, DF, 17 jun. 1999. Disponível em: <http://www.planalto.gov.br/ccivil_03/decreto/d3000.htm>. Acesso em: 5 ago. 2013.

_____. Decreto-Lei n. 1.598, de 26 de dezembro de 1977. **Diário Oficial da União**, Poder Executivo, Brasília, DF, 27 dez. 1977. Disponível em: <http://www.planalto.gov.br/ccivil_03/decreto-lei/del1598.htm>. Acesso em: 5 ago. 2013.

_____. Lei n. 6.404, de 15 de dezembro de 1976. **Diário Oficial da União**, Poder Legislativo, Brasília, DF, 17 dez. 1976. Disponível em: <http://www.planalto.gov.br/ccivil_03/leis/l6404compilada.htm>. Acesso em: 5 ago. 2013.

_____. Lei n. 11.638, de 28 de dezembro de 2007. **Diário Oficial da União**, Poder Legislativo, Brasília, DF, 28 dez. 2007. Disponível em: <http://www.planalto.gov.br/ccivil_03/_ato2007-2010/2007/lei/l11638.htm>. Acesso em: 5 ago. 2013.

_____. Lei n. 11.941, de 28 de maio de 2009. **Diário Oficial da União**, Poder Legislativo, Brasília, DF, 28 maio 2009. Disponível em: <http://www.planalto.gov.br/ccivil_03/_ato2007-2010/2009/lei/l11941.htm>. Acesso em: 5 ago. 2013.

BRUNI, A. L. **A administração de custos, preços e lucros**: com aplicações na HP12C e Excel. 4. ed. São Paulo: Atlas, 2010. v. 5.

CAMARGO, C. **Análise de investimentos e demonstrativos financeiros**. Curitiba: Ibpex, 2007.

CORBARI, E. C.; MACEDO, J. de J. **Administração estratégica de custos**. Curitiba: Iesde, 2012.

CPC – Comissão de Pronunciamentos Contáveis. **Pronunciamento técnico CPC 26 (R1)**: apresentação das demonstrações contábeis. 2013. Disponível em: <http://www.cpc.org.br/pdf/CPC26_R1_final.doc>. Acesso em: 26 maio 2013.

CREPALDI, S. A. **Contabilidade gerencial**: teoria e prática. 5. ed. São Paulo: Atlas, 2011.

DUBOIS, A.; KULPA, L.; SOUZA, L. E. de. **Gestão de custos e formação de preço**: conceitos, modelos e instrumentos: abordagem do capital de giro e da margem de competitividade. 3. ed. São Paulo: Atlas, 2009.

Fernandes, R. M. **Orçamento Empresarial**: uma abordagem conceitual e metodológica com prática através de simulador. Belo horizonte: Ed. da UFMG, 2005.

Frezatti, F. Beyond Budgeting: inovação ou resgate de antigos conceitos do orçamento empresarial? **RAE-Rev. de Administração de Empresas**, São Paulo, v. 45, n. 2, 2005.

_____. **Orçamento empresarial**: planejamento e controle gerencial. 5. ed. São Paulo: Atlas, 2009.

Gersdorff. R. C. J. von. **Identificação e elaboração de projetos**: manual de engenharia econômica. Rio de Janeiro: Zahar Editores, 1979.

Hansen, D. R.; Mowen, M. M. **Gestão de custos**: contabilidade e controle. São Paulo: Pioneira Thomson Learning, 2001.

Holanda, N. **Planejamento e projetos**. Rio de Janeiro: Apec, 1975.

Hope, J.; Fraser, R. Figures of Hate: Feature Beyond Budgeting. **Financial Management**, United Kingdom, February, 2001.

Horngren, C. T.; Sundem, G. L.; Stratton, W. O. **Contabilidade gerencial**. São Paulo: Prentice Hall, 2004.

Iudícibus, S. de; Marion, J. C. **Introdução à teoria da contabilidade para o nível de graduação**. São Paulo: Atlas, 2007.

Jiambalvo, J. **Contabilidade gerencial**. Rio de Janeiro: LTC, 2002.

Kotler, P.; Keller, K. **Administração de *marketing***. 12. ed. São Paulo: Pearson Prentice Hall, 2006.

Leite, R. M. **Orçamento empresarial**: um estudo exploratório em indústrias do Estado do Paraná. 238 f. Dissertação (Mestrado em Contabilidade) – Universidade Federal do Paraná, Curitiba, 2008. Disponível em: <http://www.ppgcontabilidade.ufpr.br/system/files/documentos/Dissertacoes/D012.pdf>. Acesso em: 6 set. 2013.

Lunkes, R. J. **Manual de orçamento**. 2. ed. São Paulo: Atlas, 2007.

Martins, E. **Contabilidade de custos**. 10. ed. São Paulo: Atlas, 2010.

Martins, E.; Rocha, W. **Métodos de custeio comparados**: custos e margens analisados sob diferentes perspectivas. São Paulo: Atlas, 2010.

Maximiano, A. C. A. **Administração de projetos**: como transformar ideias em resultados. 4. ed. São Paulo: Atlas, 2010.

MELNICK, J. **Manual de projetos de desenvolvimento econômico.**
Rio de Janeiro: Unilivros Cultural, 1981.

MOREIRA, J. C. **Orçamento empresarial**: manual de elaboração.
5. ed. São Paulo: 2002.

MOSIMANN, C. P.; Fisch, S. **Controladoria**: seu papel da
administração de empresas. São Paulo: Atlas, 1999.

ODORCIK, E. da C.; OLIVO, T.; SCHVIRCK, E. Estudo de caso: análise
financeira das demonstrações contábeis em uma empresa
agropecuária. **e-CAP Electronic Accounting and Management**,
v. 2, n. 2, 2010. Disponível em: <revistas.utfpr.edu.br/pb/index.php/
ecap/article/download/805/445>. Acesso em: 6 set. 2013.

PADOVEZE, C. L. **Controladoria estratégica e operacional**:
conceitos, estrutura, aplicação. 2. ed. São Paulo: Cengage Learning,
2009.

_____. _____. 3. ed. São Paulo: Cengage Learning, 2012.

POMERANZ, L. **Elaboração e análise de projetos**. São Paulo: Hucitec,
1985.

RIBEIRO, O. M. **Estrutura e análise de balanço fácil**. 7. ed. São Paulo:
Saraiva, 2006.

SANVICENTE, A. Z.; SANTOS, C. da C. **Orçamento na administração
de empresa**: planejamento e controle. São Paulo: Atlas, 1995.

SCHUBERT, P. **Orçamento empresarial integrado.** 3. ed. Rio de
Janeiro: Freitas Bastos, 2005.

SILVA, K. M. **Orçamento empresarial**: um estudo descritivo
em empresas pertencentes ao comitê de fomento industrial
de Camaçari. 94 f. Dissertação (Mestrado em Contabilidade) –
Universidade Federal da Bahia, Salvador, 2009. Disponível em:
<http://www.ppgcont.ufba.br/Dissertacao%20Kleber.pdf>. Acesso
em: 6 set. 2013.

SOUSA JUNIOR et al. Conceitos gerais sobre orçamento. In: FEMENICK,
T. R. (Org.). **Fundamentos, metodologia e práticas do orçamento
empresarial**. São Paulo: Ipep, 2006.

VIEIRA, R. H. P.; SANTOS, M. M. da C. Análise das demonstrações
financeiras através de índices financeiros. **Veredas Favip**, Caruaru,
v. 2, n. 1, p. 50-60, jan./jun. 2005.

Warren, C. S.; Reeve, J. M.; Fess, P. E. **Contabilidade gerencial**. Tradução de André Olimpio Mosselmann Du Chenoy Castro. 2. ed. São Paulo: Thomson Learning, 2008.

Welsch, G. A. **Orçamento empresarial**. São Paulo: Atlas, 1983.

Wernke, R. **Gestão de custos**: uma abordagem prática. 2. ed. São Paulo: Atlas, 2004.

Woiler, S.; Mathias, W. **Projetos**: planejamento, elaboração e análise. 2. ed. São Paulo: Atlas, 2008.

Respostas

Capítulo 1

1. É um conjunto de informações que são coletadas e validadas, de modo que permitam a simulação de uma alternativa de investimento para testar sua viabilidade.
2. Os aspectos econômicos, técnicos, financeiros, administrativos, jurídicos e legais, ambientais e contábeis.
3. b
4. a
5. c

Capítulo 2

1. O custo de oportunidade se refere à melhor oportunidade abandonada. Por exemplo: o custo de oportunidade de investir em uma sorveteria poderia ser a remuneração que o investidor teria caso deixasse o dinheiro numa aplicação financeira. Portanto, podemos dizer que a remuneração que ele deixa de receber, por não estar na aplicação financeira, é o custo da oportunidade abandonada.
2. Investimento pode ser entendido como o empenho de capital no presente na esperança de auferir benefícios no futuro. Nesse sentido, reduzir os desembolsos de caixa pode ser tão benéfico para a organização quanto aumentar as entradas de caixa em função de um novo projeto de investimento.
3. b

4. c
5. c

Capítulo 3

1. O orçamento empresarial permite que a empresa visualize antecipadamente as atividades que deverão ser desenvolvidas e os recursos envolvidos. Entretanto, o objetivo desse plano não é só prever o que ocorrerá no futuro, mas também estabelecer e coordenar os objetivos de todas as áreas da empresa a fim de que todos trabalhem sinergicamente em busca dos objetivos gerais da organização.
2. A etapa operacional é iniciada com o plano de *marketing* e, a partir dele, a entidade direciona os esforços para seu mundo externo e plano de produção, suprimento e estocagem; o plano de investimento no ativo permanente; e o plano de recursos humanos.
   A etapa financeira, por sua vez, objetiva transformar em linguagem monetária as decisões contidas na etapa operacional. Nessa fase, são relacionados o fluxo de entradas de recursos decorrente das vendas previstas e o fluxo de saída de recursos em virtude dos gastos e investimentos programados.
3. b
4. c
5. d

Capítulo 4

1. O orçamento operacional se preocupa com as atividades geradoras de renda de uma empresa, como vender, produzir e manter níveis de estoque de produtos acabados. O resultado final de um orçamento operacional é uma demonstração do resultado pró-forma, ou orçado (Hansen; Mowen, 2003).

O orçamento de investimento compreende as aquisições com características de imobilizado, como máquinas ou veículos, construções, modificações e transformações que tenham caráter de melhoria ou reposição da capacidade produtiva ou de prestação de serviço. Nesse grupo, inserem-se os projetos de investimento cujos benefícios se estendem por mais de um ano.

Já o orçamento de financiamento está relacionado com a obtenção de fundos para prover necessidades de aumento de capital de giro, ampliação das atividades operacionais e o investimento em ativos fixos.

2. O orçamento operacional inicia-se com o orçamento de vendas que representam a fonte básica de entradas de recurso monetários, e dele dependem todos os demais planos da empresa. Após determinar a receita, é preciso projetar os gastos operacionais, ou seja, aqueles decorrentes da atividade operacional da empresa, que são os orçamentos de produção e das despesas administrativas e de vendas da empresa.

   O orçamento de produção objetiva prever o desembolso com a produção e, para isso, precisa determinar as quantidades produzidas e os custos envolvidos na nessa etapa. O orçamento de vendas visa prever o desembolso que a empresa irá ter com a comercialização dos produtos. O orçamento das despesas administrativas tem como objetivo levantar os gastos com as atividades de gestão da empresa. Fechando o triângulo dos gastos com a produção, comercialização e gestão, deduzindo tudo isso da receita, o que sobra geralmente é para cobrir o orçamento de capital da empresa.

3. a
4. d
5. a

Capítulo 5

1. A Demonstração do Resultado do Exercício projetada apresenta o lucro que a empresa obterá caso cumpra integralmente os planos orçamentários. Esse demonstrativo visa confrontar as receitas projetadas e os custos e despesas previstos. Caso o resultado seja negativo ainda no processo de planejamento, há tempo para remodelar os planos a fim de programar uma situação em que a empresa obtenha lucro no momento da execução.

   A Demonstração do Fluxo de Caixa projetada indica as entradas e as saídas de caixa que ocorrerão em virtude da execução de todos os planos orçamentários, ou seja, dos orçamentos operacional, de investimento e de financiamento. O resultado prévio dessa demonstração indica ao gestor a necessidade de fluxos de caixa externos ou não para financiar as atividades da empresa ou o investimento em ativos fixos.

   O Balanço Patrimonial projetado permite vislumbrar a situação patrimonial ao final do exercício caso a execução dos orçamentos se cumpra na íntegra. Com base no Balanço Patrimonial, é possível apurar os indicadores financeiros que permitirão avaliar a viabilidade ou não da proposta orçamentária.

   Todas essas demonstrações permitem ao gestor um panorama prévio de como ficarão os resultados em termos de lucro, caixa, patrimônio e indicadores com base nos orçamentos operacionais, de investimento e de financiamento projetados pelas unidades. Com isso, o gestor poderá decidir se os planos projetados são ou não viáveis.

2. Em geral, o orçamento operacional, por tratar das receitas e dos gastos obtidos no desenvolvimento das atividades da empresa, acaba por apresentar maior

influência nas demonstrações contábeis. Como o orçamento de investimento se refere aos investimentos em ativos fixos da empresa e o orçamento de financiamento está relacionado às fontes externas, eles também influenciam as demonstrações projetadas, porém, nem todas as empresas executam atividades dessa natureza e, portanto, não possuem esses orçamentos – ao contrário das atividades operacionais, executadas obrigatoriamente por todas as empresas.

3. c
4. a
5. b

Capítulo 6

1. A análise dos indicadores contábeis permite que o analista conheça as condições econômicas e financeiras da organização.
2.
   a) Indicam a situação financeira da empresa em relação à sua capacidade de honrar suas obrigações do curto ao longo prazo.
   b) Indicam a situação financeira da empresa em relação à sua estrutura de financiamento, como a origem dos recursos, e a composição do capital social.
   c) Indicam a situação econômica da empresa em relação ao retorno de capital investido.
   d) Indicam a situação da empresa em relação ao recebimento de suas vendas, pagamentos de suas vendas, de suas compras e a rotação de estoques.
3. c
4. d
5. a

Sobre os autores

Joel de Jesus Macedo é doutorando em Economia pela Universidade Federal do Paraná (UFPR), mestre em Engenharia de Produção pela Pontifícia Universidade Católica do Paraná (PUCPR) e graduado em Economia pela Universidade Federal do Paraná (UFPR). Atua como analista econômico na Companhia de Saneamento do Paraná (Sanepar) e também leciona as disciplinas de Microeconômica, Macroeconomia, Economia Internacional, Gestão de Projetos, Desenvolvimento de Produto e Custos e Pesquisa Operacional, nas modalidades de graduação e pós-graduação. É consultor nas áreas de finanças públicas e de mercado de capitais. Possui artigos publicados voltados para as áreas pública e privada. Recebeu, em dois anos consecutivos (2010-2011), o Prêmio Sérgio Scorsim de melhor artigo científico na área de pesquisa operacional, no Congresso Internacional de Administração (ADMpg). É autor dos livros *Controle interno e externo na administração pública* (2011) e *Administração estratégica de custos* (2012).

Ely Celia Corbari é mestre em Contabilidade e Finanças pela Universidade Federal do Paraná (UFPR), especialista em Contabilidade e Gestão Estratégica e em Gestão Pública pela Universidade Estadual do Oeste do Paraná (Unioeste) e graduada em Ciências Contábeis pela mesma instituição. Atualmente, leciona disciplinas relacionadas à contabilidade em cursos de graduação e pós-graduação, nas modalidades presenciais e a distância. É autora de diversos artigos publicados em congressos e periódicos relacionados à contabilidade gerencial e à gestão pública e dos livros *Contabilidade societária* (2011), *Controle interno e externo na administração pública* (2011) e *Administração estratégica de custos* (2012).

Os papéis utilizados neste livro, certificados por instituições ambientais competentes, são recicláveis, provenientes de fontes renováveis e, portanto, um meio responsável e natural de informação e conhecimento.

FSC
www.fsc.org
MISTO
Papel produzido a partir de fontes responsáveis
FSC® C074432

Impressão: Maxi Gráfica
Julho / 2020